ANSELM GRÜN

Staunen

Die Wunder im Alltag entdecken

Herausgegeben von Rudolf Walter

Ein einfach-leben-Buch

MIX
Papier aus verantwor-
tungsvollen Quellen
FSC® C083411
FSC
www.fsc.org

© Verlag Herder GmbH, Freiburg im Breisgau 2018

Alle Rechte vorbehalten
www.herder.de

Satz und Gestaltung: Gestaltungssaal, Rosenheim
Vignetten Innenteil: © MSSA - shutterstock
Herstellung: CPI books GmbH, Leck

Printed in Germany

ISBN 978-3-451-00657-9

Inhalt

3. VOM WUNDERBAREN IM SELBSTVER-
STÄNDLICHEN – WAS SINN IM LEBEN GIBT

4. VOM GLANZ DER DINGE –
NEUER BLICK AUF DAS GEWÖHNLICHE

5. VOM ZAUBER DER NATUR –
EINGEBUNDEN IN ETWAS GRÖSSERES

Muße, Achtsamkeit und Stille als Wege zu einer spirituellen Lebenskunst

Einleitung

Wie gelingt unser Leben? Was ist gemeint, wenn wir von wirklichem Glück sprechen? Macht, Geld, Besitz, Karriere, Popularität, Konsum und möglichst wenig Langeweile? Das Ziel aller wirklichen Lebenskunst ist es, ein sinnerfülltes und glückliches Leben zu führen. Philosophen aller Zeiten – angefangen von Platon über Epikur, Epiktet oder Augustinus bis in die heutige Philosophie – haben darüber nachgedacht, wie das geht. Die Suche nach dem besten Weg, im Alltag ein glückliches und gutes Leben zu führen, hat nie aufgehört.

> Die wirklichen „Lebenskünstler",
> das sind nicht die, die immer an
> der Oberfläche surfen, nichts
> ganz ernst nehmen und nur ihr
> Vergnügen haben wollen.

Lässt nun die moderne Welt unser Leben leichter gelingen? Es stimmt: Die Technik erleichtert unseren Alltag zwar in vielerlei Hinsicht; aber auch die Anforderungen und der Druck von außen haben zugenommen. Wir haben Zugang zu schier unendlichem Wissen – aber auch zu dem, was wirklich wichtig ist? Die Werbung lädt uns zu immer mehr Konsum ein. Aber was brauchen wir wirklich? Der Einzelne verfügt heute über unzählige Optionen. Das heißt aber auch: Jeden Tag stehen wir unter Entscheidungsstress, weil wir mit jeder Wahl eine andere ausschließen. Wir können viel erleben. Aber was ist wirklich wesentlich? Dass das Glück in unsere eigene Hand gelegt scheint, setzt viele nur unter Druck: Wie komme ich an? Was halten die anderen von mir? Werde ich auch genügend gesehen? Und viele sind voller Unruhe, möchten immer etwas erreichen. Sie kommen nicht vom Ego zum Selbst.

Was aber ist der Weg zum Glück, auch heute? Wie finden wir in unsere innere Mitte? Wie kommen wir zur Ruhe? Heute wollen viele Menschen das Glück hier und jetzt erreichen, wollen es kaufen oder durch psychologische Methoden erzwingen. Doch je mehr man sich anstrengt, glücklich zu sein, je heftiger man versucht, alles Glück in dieses Leben als „die letzte Gelegenheit" (Marianne Gronemeyer) hineinzupacken, desto weniger glücklich wird man. Konsumartikel produzieren nicht automatisch Zufriedenheit, und ein noch so luxuriöses Wellness-Wochenende in einem teuren Hotel sichert nicht, was man sich erhofft. Vor lauter Glückssuche kommt man nicht zum Leben, sondern eher zum Burnout. Die wirklichen „Lebenskünstler", das sind auch nicht die, die immer an der Oberfläche surfen, nichts ganz ernst nehmen und nur ihr Vergnügen haben wollen.

Kann Spiritualität ein Weg zum gelingenden Leben sein? Und was heißt Spiritualität in einer Welt, die so viel anbietet und verfügbar macht, die aber auch immer verdichteter Ansprüche an uns stellt und in der alles „etwas bringen" soll, alles einen Nutzen haben muss?

Für mich bedeutet Spiritualität heute vor allem dies: einen Raum der Freiheit zu schaffen, in dem wir frei aufatmen können. Paulus sagt: „Wo der Geist des Herrn ist, da ist Freiheit" (2 Kor 3,17). Spiritualität heißt: dem Geist Raum geben und aus ihm Kraft und Stand für das eigene Leben schöpfen. Dem Geist Jesu Raum zu geben aber bedeutet, einen Freiraum zu schaffen, in dem wir mitten in der Situation totaler technischer Eingebundenheit der modernen Existenz unsere individuelle Würde als Person bewahren: einen Raum, wo wir nicht fremdbestimmt, sondern ganz bei uns sind.

Die christliche Tradition lädt ein, in Übereinstimmung mit der griechischen und römischen Philosophie, immer wieder innezuhalten und solche Freiräume zu suchen, die nicht von Hektik, Stress und allen möglichen Ansprüchen bestimmt sind. Muße nennen wir diesen Freiraum, wo wir nichts leisten müssen, die Haltung des Geschehenlassens und der Ruhe, in der wir über die wesentlichen Dinge des Lebens nachdenken können. Indem ich die Dinge anschaue,

Für mich bedeutet Spiritualität heute vor allem dies: einen Raum der Freiheit zu schaffen, in dem wir frei aufatmen können.

wirken sie auf mich und zeigen mir etwas von dem, was sie ausmacht. Ich nehme sie wahr und lasse sie sein. Und im Spiegel der Welt erkenne ich mich selbst. Und nur wenn ich mich selbst erkenne, werde ich gut mit der Welt umgehen. Und ich erschließe so in mir eine tiefe Quelle der Lebenskraft.

Im griechischen Wort für Muße, „schole", steckt „echein", das innehalten bedeutet. Darum geht es also: innezuhalten, um im Innern die Haltung zu finden, die wir brauchen, damit das Leben gelingt, um die Freiheit zu erfahren, die uns Halt gibt mitten in den Turbulenzen dieser Welt.

Spiritualität ist so gesehen ein Zufluchtsort, in den die Interessen von außen nicht hineinreichen. In diesem Raum bleibt der Kern des Menschlichen bewahrt, gerade durch seinen Bezug auf eine Transzendenz, die ihn über das Vordergründige hinaushebt. Christliche Spiritualität meint keine Weltflucht, im Gegenteil. Sie will gerade mitten in das Leben führen und das konkrete Leben mit seinen vielfältigen Beziehungen, wie wir es täglich erfahren, annehmen, vertiefen und verwandeln.

Staunen ist eine Voraussetzung dafür, dass jeden Tag etwas Neues in uns beginnen kann, dass wir herauskommen aus den alten, festgefahrenen Wahrnehmungs- und Lebensmustern. Staunen heißt offen sein für das Neue und das Wunder im Alltäglichen erkennen. Kinder können das noch: sich mit offenem Herzen einlassen, ganz im Augenblick sein, ohne Erwartungen, ohne Nebenabsichten, ohne Vorurteile. Peter Schellenbaum beschreibt das Staunen so:

„Alles Neue fängt mit dem Wunder einer Offenbarung an, aber einer Offenbarung, die keinen Glaubensakt, sondern bloße Aufmerksamkeit fordert."

Der Weg zu dieser Erfahrung ist also der Weg der Achtsamkeit. Er ist möglich aus einer Haltung der Ruhe und der Muße heraus. Wenn wir im normalen Alltag das Eigentliche erspüren, berühren wir gerade da den Grund allen Seins. Wer in der Haltung des Staunens lebt, dem verwandelt sich der Alltag.

Das deutsche Wort „staunen" kommt von „starren, im Lauf hemmen, erzittern". Das, wovor ich staunend stehen bleibe, berührt mich, erfasst mich bis ins Innerste. Ich begnüge mich nicht mit dem Oberflächlichen und lasse mich im Staunen über mich selber hinausführen. Staunen hat immer mit dem Schauen zu tun. Ich schaue etwas Wunderbares, etwas, das ich noch nicht verstehen kann. Ich verwundere mich, und das treibt mich an, genauer hinzusehen, um das Geheimnis des Geschauten zu verstehen. Dieses Nachdenken mündet dann wieder in Staunen und Bewundern. Ich will es gar nicht in Begriffe fassen, sondern öffne mich dem Geheimnis, damit es in mich eindringen und mich verwandeln kann.

Wenn wir achtsam auf eine Rose schauen, dann ist sie mehr als eine Pflanze, dann leuchtet uns in ihr das Geheimnis von Schönheit, von Liebe auf. Gewohnte Tätigkeiten werden dann zum Symbol für das Geheimnis unseres Menschseins. Gewöhnliche Dinge werden voller Bedeutung, wenn ich sie gleichsam in einem neuen Licht sehe:

Die Dinge werden dann, wenn wir sie so sehen, mehr sein, als sie einem achtlosen und oberflächlichen Blick scheinen. Ein Tisch oder das Brot, aber auch Dinge, denen wir in der Natur begegnen – wie ein Baum oder eine Blume –, können ihren Sinn für uns eröffnen und plötzlich zu einem Symbol werden und neuen Glanz ausstrahlen. Alles kann seinen tieferen Sinn für uns eröffnen. Wir entdecken diesen Zauber in den alltäglichen Dingen der Welt.

Wenn ich in diesem Zusammenhang von „Zauber" spreche, ist damit nichts Magisches gemeint. Es geht vielmehr um die Wiederentdeckung einer wesentlichen Dimension unserer Wirklichkeit. „Die Verzauberung der Welt", so nennt der Historiker Jörg Lauster seine große „Kulturgeschichte des Christentums". Er definiert Kultur als „Überschuss im Welterleben" und als ein „Weltgefühl, das mehr ist als das Sich-Einrichten in dieser Welt" (Lauster 13). Christliche Spiritualität ist demnach eine Sichtweise, die in den äußeren Dingen das Geheimnis Gottes aufleuchten sieht: „Das Christentum ist die Sprache eines Weltgefühls, das den Überschuss als das Aufleuchten göttlicher Gegenwart in der Welt versteht, es ist daher die Sprache einer kontinuierlichen Verzauberung der Welt" (ebd.).

> Alles spricht zu uns vom Geheimnis unseres Lebens – jenseits von Nutzen und Zweck.

Wenn wir unsere eigene Welt heute neu entdecken, jenseits von Nutzen und Zweck, Effizienz und Rationalität, dann wird auch unser Glaube wesentlicher und tiefer. Die Welt, die wir mit den Augen des Staunens betrachten, spricht uns vom wunderbaren Geheimnis unseres Lebens, das wir vor Gott und mit ihm und in ihm zu leben versuchen.

Damit kommen wir auch der Botschaft der Bibel nahe. Denn Jesus spricht oft über ganz irdische Dinge: vom Sämann, der seinen Samen aussät, von den Vögeln des Himmels und den Lilien des Feldes, vom Kaufmann, der eine kostbare Perle sucht, vom Unkraut unter dem Weizen oder von der Art und Weise, wie Menschen mit dem ihnen anvertrauten Geld umgehen. Indem er von den Dingen dieser Welt spricht, spricht er aber zugleich von Gott. Es geht ihm dabei immer darum, wie unser Leben mit Gott gelingen kann. Alles wird durchlässig auf diese Beziehung hin. So kann ich heute noch die Lilie als Bild meiner Sehnsucht nach reiner Schönheit und als Inspiration zu Gottvertrauen und Sorglosigkeit wahrnehmen – oder in Jesu Bild vom Senfkorn die Kraft der Verheißung von aufblühendem Leben für mich wiederfinden.

In den synoptischen Evangelien, bei Matthäus, Markus und Lukas, werden vor allem in den Gleichnissen die weltlichen Dinge, unser Tun im Alltag, unsere Beziehungen transparent: Durch alles hindurch erscheint uns das Wesen des himmlischen Vaters. Und im Johannesevangelium spricht Jesus in Bildworten von sich selbst. Und auch da werden irdische Dinge zum Bild für das Geheimnis Jesu Christi, für seine Bedeutung für uns und für seine Wirkung auf uns. Jesus sagt etwa von sich: „Ich bin der wahre Weinstock" (Joh 15,1). Im Griechischen ist das Adjektiv („he alethine") nachgestellt: „Ich bin der Weinstock, der wahre." Jesus will mit diesem Wort betonen, dass er in seiner Person die Wahrheit des Weinstocks darstellt. Wir sehen oft nur das Äußere. Doch wenn wir tiefer schauen, erkennen wir auch in einem Weinstock das Geheimnis der Verbundenheit zwischen Jesus und seinen Jüngern und das Geheimnis ihrer Fruchtbarkeit. Dann erkennen wir darin auch das Geheimnis und die Wahrheit unseres eigenen Lebens. Wahrheit meint also hier: Der Schleier, der über allem liegt, wird weggezogen. Und uns geht das Geheimnis des Seins auf: das, was hinter allem verborgen ist, was allem zugrunde liegt. Martin Heidegger übersetzt das griechische Wort mit „Unverborgenheit": Das Verborgene zeigt sich, leuchtet uns auf.

Staunen: Die Welt mit neuen Augen anschauen und das Wesen der Dinge erkennen.

Darum geht es mir auch in diesem Buch: dass wir das Staunen wieder lernen. Das heißt, dass wir die alltäglichen Dinge und Beschäftigungen, dass wir das scheinbar Selbstverständliche – wie auch unsere Beziehung zu anderen oder unseren Umgang mit der Zeit – auf ihre hintergründige

Wahrheit, auf das Verborgene, das darin liegt, hin befragen. Wenn wir dazu in der Lage sind, dann wird alles in der Welt zum Bild für das Geheimnis unseres Lebens. Der Zauber des Göttlichen legt sich über alles und scheint in allem auf. Unser Leben, unsere Wirklichkeit verwandeln sich.

Eine solche Sichtweise hat es in der christlichen Tradition übrigens immer gegeben. Der Mönch Evagrius Ponticus (345–399) unterscheidet in seiner mystischen Theologie zwei Formen der Kontemplation: „die Kontemplation der Welt der Geschöpfe" und „die Kontemplation Gottes" (Evagrius, Praktikos 1). „Himmelreich" meint für ihn die Erkenntnis, dass alles vom Himmel durchdrungen ist, dass alles von Gott durchwirkt ist. Die erste Weise der Kontemplation besteht darin, die Natur mit neuen Augen anzuschauen und das Wesen der Dinge zu erkennen. Die Kontemplation der Welt erkennt in allem, was wir in der Natur vorfinden, ein Symbol für etwas Tieferes, ein Symbol für Gottes Gegenwart und für unsere Verbundenheit mit Gott. Aber die Bedingung dafür, dass wir ihn in den Naturdingen erkennen, ist die Reinheit des Herzens: die innere Freiheit von der Herrschaft der Leidenschaften und Emotionen, eine innere Klarheit der Seele.

Was Evagrius mit der Erkenntnis des Wesens aller Dinge meint, beschreibt er im Kapitel 92 seines Praktikos: „Jemand aus dem Kreis der sogenannten Weisen kam einmal zum hl. Antonius und hatte folgende Frage: ‚Wie schaffst du es nur, Vater, ein solches Leben zu führen, wo du doch nicht einmal Trost in den Büchern schöpfen kannst?' Der Heilige antwortete ihm: ‚Mein Buch, verehrter Philosoph, ist die Natur der geschaffenen Dinge, und dieses Buch liegt immer vor mir, wenn ich mich in Gottes Wort vertiefen möchte.'"

Antonius, der Einsiedler in der Wüste, liest im Buch der Natur. Wenn wir – wie er – kontemplativ in diesem Buch der Natur lesen, dann führt uns die Natur in die Stille. Stille ist uns vorgegeben. Der Wald ist still, die Wüste ist still. Stille meint: Wir lassen die Natur, wie sie ist. Sie begegnet uns als reines Sein. Wir haben, wenn wir uns auf die Stille einlassen teil an diesem reinen Sein. Das macht uns still. Und in dieser Stille erfahren wir das Wesentliche allen Seins, den Grund des Seins. Gerade in einer lärmenden Gegenwart, wo unentwegt und allenthalben etwas an unserer Aufmerksamkeit zerrt, ist also auch die Begegnung mit der Natur und die Wiederentdeckung der Stille ein wesentlicher Weg der Spiritualität. Diese Spiritualität schenkt einen neuen Blick auf die Dinge, sie macht scheinbar Banales transparent auf einen tieferen Hintergrund hin, gibt dem Alltäglichen eine Seele.

Nicht nur in der christlichen Tradition findet sich diese Sicht: Thich Nhat Hanh, der buddhistische Weise aus Vietnam, kommt zu ähnlichen Erkenntnissen und Erfahrungen, wenn er von der Achtsamkeit spricht. Und der in der östlichen Spiritualität geschulte Karlfried Graf Dürckheim hat seinen Schülern immer wieder einen altjapanischen Satz zitiert: „Damit etwas religiöse Bedeutung gewinnt, sind nur zwei Bedingungen nötig: Es muss einfach sein und wiederholbar" (Dürckheim, Alltag als Übung 17). Das gehört zum Wesen der Meditation: die Einfachheit und die Wiederholung. Gerade Tätigkeiten, die wir täglich wiederholen, können zur leeren Routine werden – oder aber zur Meditation, zum Weg in unsere eigene Mitte, zum Weg in die reine Gegenwart, in der wir dann auch den gegenwärtigen Gott erahnen. Was banal scheint, kann offen werden für eine geheimnisvolle Wirklichkeit. Es liegt an uns, an unserer Aufmerksamkeit und unserer Bereitschaft, sich auf diese Verwandlung einzulassen.

So möchte ich in diesem Buch immer wiederkehrende Tätigkeiten und Vollzüge des Alltags betrachten, ganz einfache Dinge, aber auch die Natur oder bestimmte Orte, an denen wir besonders berührt werden. Meine Gedanken wollen eine Einladung sein, das, was wir alltäglich tun und erleben, in einem neuen Licht zu sehen und zu tun. Dann wird unser spiritueller Weg nicht eine Flucht vor der Realität unseres Lebens. Er wird vielmehr zu einem Weg, das, was wir täglich tun und erleben, als Bild für unseren inneren Weg zu sehen und als Bild für das tiefe Geheimnis, das uns in allem, was ist, begegnen und berühren möchte.

Es gibt nur zwei Arten zu leben.
Entweder so als wäre nichts ein Wunder
oder so als wäre alles ein Wunder.

(Albert Einstein)

1

Alles hat seine Zeit.
Alles hat seinen Ort

Kein Leben hat nur Höhen, und kein Mensch erlebt nur Tiefen. Beides gehört zu unserem Leben, und beides hat uns zu dem Menschen geformt, der wir jetzt sind. Daher ist es wichtig, sich sowohl den Höhen als auch den Tiefen zu stellen. In der hebräischen Bibel, im Buch Kohelet, beschreibt das berühmte Gedicht über die Zeit diese Einsicht. Kohelet, ein Lehrer, der griechische Philosophie mit jüdischer Weisheit zu verbinden suchte, ist überzeugt: Unsere Lebenszeit ist bedingt durch Gott, der alles verfügt hat. Er ist es, der uns die Zeit gibt, und er gibt uns verschiedene Qualitäten der Zeit, solange wir leben: „Eine Zeit zum Gebären und eine Zeit zum Sterben, eine Zeit zum Pflanzen und eine Zeit zum Abernten der Pflanzen" (Koh 3,2). In 14 Gegensatzpaaren wird das Geheimnis der Zeit beschrieben. 14 ist in der Antike die Zahl der Heilung. Es gibt 14 heilende Gottheiten in Babylon. Die Christen haben das in den 14 Nothelfern übernommen. Auch wenn die Zeit nach diesem Verständnis sehr gegensätzliche Qualitäten hat, so ist das Miteinander dieser verschiedenen Aspekte doch etwas Heilsames. Immer wenn sich der Mensch auf das einlässt, was ihm die Zeit jetzt anbietet, dann ist es letztlich heilsam für ihn, auch wenn es im ersten Augenblick eher negativ erscheint.

Wenn wir einen Höhepunkt erleben, sollen wir also nicht abheben und meinen, alles werde in unserem Leben immer gut gehen. Höhepunkte beinhalten oft eine Gefährdung. Sie können dazu verführen, sich Illusionen über sein Leben zu machen.   Es kann sein, dass nach der Höhe eine Tiefe folgt. Aber es kann auch sein, dass der Höhenflug länger anhält. Dann dürfen wir dankbar sein. Aber wir sollen immer wissen, dass wir nichts festhalten können. Wenn ein Tiefpunkt folgt, dann kann uns das auch in die eigene Tiefe führen. Ein Mensch wird nur klug, wenn er die Höhen und Tiefen, die er zeitlich in seinem Leben oft versetzt erlebt, immer auch als Spiegel sieht für die Höhen und Tiefen in seiner eigenen Seele.

Viele Menschen erfahren in ihrem Leben Brüche: Eine lange Beziehung zerbricht, man verliert die Arbeitsstelle und muss in eine andere Stadt ziehen. Oder eine plötzliche Erkrankung macht feste Pläne zunichte. Das Leben lässt sich nicht planen. Wie finden wir bei so viel Unwägbarkeiten und Unabsehbarkeiten dennoch einen Zusammenhang und einen Sinn in unserem Leben? Wie können wir all das Brüchige zu einem Ganzen integrieren? Schon Kohelet ist überzeugt: Unser Leben gelingt nur, wenn wir uns verabschieden von der Idee, dass alles immer perfekt, immer liebevoll, immer erfolgreich, immer glücklich ist. Nur wenn wir die Gegensätze in uns annehmen und wenn wir uns damit aussöhnen, dass die Erfahrungen in der Zeit gegensätzlich sind, finden wir bei aller Brüchigkeit und Gegensätzlichkeit unseres Lebens zu einer Versöhnung mit uns selbst und mit dem Leben.

ANFANGEN HAT SEINE ZEIT, UND BEENDEN HAT SEINE ZEIT

Es gehört zum Geheimnis unseres Lebens, dass es mit der Geburt anfängt und im Tod endet. Das lässt sich nicht beliebig beschleunigen oder definitiv hinausschieben. Und auch jeder Augenblick, den wir erleben, ist neu. Er bedeutet einen neuen Anfang, beendet aber auch etwas. Dieses Anfangen und Beenden geschieht, ohne dass wir etwas dazu tun. Es ist eine Grundstruktur unseres Daseins, der wir uns fügen müssen.

Aber Anfangen und Beenden sind auch eine Kunst. Jeden Tag können wir es erfahren: Wer anfängt, dem wächst Kraft zu. Und wer zu einem guten Ende findet, der gewinnt ebenfalls innere Stärke.

Von manchen Menschen sagt man: Sie finden keinen Anfang und kein Ende. Sie schieben alles vor sich her, packen aber nicht zu. Sie erzählen einem, was sie tun möchten, aber sie fangen nicht damit an. Sie beraumen ein Meeting an, aber das beginnt nicht richtig. Alles plätschert dahin; man weiß nicht, ob das, was besprochen wird, schon ernst ist, ob eine Entscheidung gefällt werden soll oder ob man sich einfach nur unterhält. Solche Menschen finden dann oft auch kein Ende für die Sitzung. Wenn ich selber Sitzungen zu leiten hatte, war mir immer wichtig, gut anzufangen und sie mit einer klaren Ankündigung zu beenden. Eine gute Struktur trägt dann auch zu einer Kultur des Sprechens und des Miteinanders bei.

Manche, die gern alles vor sich herschieben, finden auch am Abend kein Ende mit dem, was sie tun. Sie fangen dies oder jenes an, und so kommen sie nicht ins Bett. Dann klagen sie darüber, dass sie zu viel zu tun haben.

> Wer anfängt, dem wächst Kraft zu.
> Und wer zu einem guten Ende
> findet, der gewinnt innere Stärke.

Anfangen bedeutet: Ich übernehme die Verantwortung für mein Leben. Ich gestalte es aktiv und höre auf zu jammern, dass ich durch die Umstände, durch meine Erziehung oder durch meine Veranlagung festgelegt bin. Neu anfangen kann ich immer. Manchmal besteht das Material meines Lebens vielleicht aus einem Scherbenhaufen zerbrochener Lebensträume. Aber auch aus Scherben kann ich ein neues Gefäß zusammensetzen. Das ist dann nicht mehr so perfekt wie das alte. Aber vielleicht sieht es kreativer aus, bunter und lebendiger. Manch einer bleibt vor dem Haufen der Steine sitzen, die das Material seines Lebens sind. Der Steinhaufen wirkt für ihn chaotisch. Wenn eine Beziehung zerbrochen ist, wenn die Aufgabe, die ich bisher innehatte, nicht gut beendet werden konnte, dann kann ich in diesen Steinen noch nicht das Bauwerk entdecken, das daraus entstehen könnte. Ich sehe das Ende nicht. Aber darum geht es: den Anfang und das Ende zusammenzusehen, aus dem Anfang ein Ende zu formen, etwas zu vollenden.

Anfangen braucht Mut. Viele Menschen haben Angst, sind unsicher vor dem, was sich entwickeln könnte. Wenn wir aber überlegen, was wir eigentlich wollen, werden wir auch die Mittel entdecken, die wir in uns haben und die uns Zuversicht geben: Etwa die Erfahrung, dass wir schon öfter neu angefangen haben. Oder unsere Disziplin, die uns die Kraft schenkt, etwas durchzuhalten. Oder auch unsere Kreativität, die uns bei allem Anfang etwas Neues formen lässt. Mut und Zuversicht verleihen die Kraft, die nötig ist, um einen neuen Anfang zu setzen.

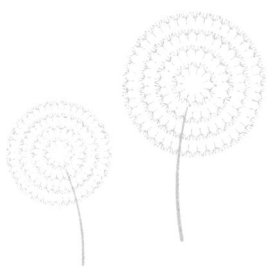

Wer anfängt, der bekommt aber auch Macht über sein Leben, und auch daraus wächst Kraft. Aber auch wer aufhören kann, zeigt, dass er Macht über sein eigenes Leben bekommt. Auch da geht es darum, nicht von dem beherrscht zu werden, was über uns kommt. Die Lateiner sagen: Wir sollen bei allem, was wir tun, das Ende bedenken, „respice finem". Das gilt für jede Entscheidung, aber auch für das Leben insgesamt. Wenn ich mir bewusst mache, dass meine Kindheit, meine Jugend, die fürsorgliche Begleitung meiner Kinder, meine berufliche Karriere enden werden, dann werde ich mir der besonderen Qualität dieser Zeiten bewusst.

Manchmal wird uns das Ende auch von außen vorgegeben. Dann ist es gut, den Wink des Schicksals – oder den Wink Gottes – zu verstehen und ihm zu folgen. Wenn wir einverstanden sind mit dem Ende, auch wenn es uns von außen aufgedrängt wird, dann leben wir im Frieden weiter. Wenn wir uns gegen das Ende sträuben, werden wir unzufrieden und bitter. Und jetzt schon bei allem, was ich tue, an das Ende zu denken, gibt dem jetzigen Augenblick seine Würde. Ich werde aus diesem Bewusstsein heraus achtsamer und intensiver leben.

FREUDE HAT IHRE ZEIT. UND AUCH TRAUERN BRAUCHT SEINE ZEIT

Freude und Trauer sind tiefe Gefühle, die uns zuinnerst berühren und lebendig machen. Beide Emotionen, so gegensätzlich sie sind, gehören doch eng zusammen. Es gibt eine Zeit der Freude. Und die sollen wir dann in vollen Zügen auskosten. Es gibt Menschen, die ihre Freude niederdrücken. Sie können sich nicht mit ganzem Herzen freuen. Und wenn es dann gilt, zu trauern, dann lassen sie sich auch auf die Trauer nicht ein. Sie fliehen vor dem Schmerz, der mit der Trauer verbunden ist. Sie lassen die beiden Emotionen in sich nicht zu, erlauben sich höchstens immer nur Andeutungen davon. Aber sie gehen nicht in die Emotion hinein.

Jesus hat diese Erfahrung bei seinen Zuhörern gemacht. Er wirft den Menschen seiner Generation vor: „Sie sind wie Kinder, die auf dem Marktplatz sitzen und einander zurufen: Wir haben für euch auf der Flöte Hochzeitslieder gespielt, und ihr habt nicht getanzt; wir haben Klagelieder gesungen, und ihr habt nicht geweint" (Lk 7, 32). Diese Menschen konnten sich weder auf die Freude einlassen, die Jesus ihnen verkündete, noch ließen sie sich ein auf die strenge Buße, zu der sie Johannes der Täufer aufrief. Manchmal begründen Menschen, die sich nicht auf ihre Emotionen einlassen wollen, ihr Verhalten mit rationalen Gründen: Sie könnten sich nicht auf Befehl freuen oder auf Kommando trauern. Aber das ist eine Ausrede. In Wirklichkeit lassen sie sich nicht ein auf das, was gerade dran ist. Sie schneiden sich von ihren eigenen Emotionen ab. Sie wollen weder starke Freude noch tiefe Trauer empfinden. Sie leben lieber leidenschaftslos. Aber das macht auch kraftlos. Das Leben wird eintönig, es verliert seine Würze. Nur wenn wir uns der Freude und der Trauer stellen, wenn sie gerade dran sind, dann leben wir intensiv. Nur dann erfahren wir das Geheimnis des Lebens. Wenn wir in die Emotionen hineingehen, erfahren wir sowohl in der Trauer als auch in der Freude eine Quelle von Kraft und Vitalität, die uns guttun.

> Von Menschen, die keine Emotionen haben, geht keine Lebendigkeit aus. Sie bringen nichts in Bewegung. Es braucht die Emotion, die mich in Bewegung bringt.

Freude ist Reaktion auf etwas, was uns gelungen ist, oder auf etwas, was uns in unserem Herzen tief berührt. In der Freude öffnen wir uns für das, was uns beglückt. Wir können Freude in uns nicht einfach hervorrufen. Aber man kann sich durchaus für die Freude entscheiden. Ich kann mich bewusst dafür entscheiden, dass ich mich über das Schöne freue, dass ich mich über ein Gespräch freue. Die Freude ist in uns. Es braucht nur die Bereitschaft, die Quelle der Freude, die in uns ist, ansteigen zu lassen, wenn uns von außen etwas Schönes oder Beglückendes berührt. Sie weitet unser Herz und gibt unserem Leben einen anderen

Geschmack. Es ist heilsam für unser ganzes Leben, wenn die Freude den Raum in uns einnimmt, der ihr eigentlich zukommt. Wir schließen uns von dieser Quelle ab, wenn wir sie nicht zulassen.

Auch Trauer ist eine starke Emotion. Viele gehen ihr aus dem Weg. Aber die Trauer ist eine Befähigung, mit Verlusten umzugehen, Abschied zu nehmen von einem lieben Menschen. Wer diese Fähigkeit nicht in Anspruch nimmt, weil sie wehtut, der wird in eine Depression geraten. Depression ist oft verdrängte Trauer. Es geht in der Trauer aber nicht nur darum, Abschied von lieben Menschen zu nehmen, sondern auch Abschied von Illusionen, die ich mir über mich gemacht habe. Wenn ich meine eigene Durchschnittlichkeit betrauere, dann kann ich Ja sagen zu meinem Leben, so wie es ist. Und dann erfahre ich mitten im Betrauern auch inneren Frieden, Freude und eine Ahnung von Glück. Viele betrauern aber nicht ihre Situation. Sie trauern ihren Illusionen nach und rauben sich damit ihre Energie, die sie für den jetzigen Augenblick brauchen. Wer so nachtrauert, bleibt in dem Vergangenen hängen. Wer in der Trauer aber Abschied nimmt von der Vergangenheit, der wird fähig, ganz im Augenblick zu leben.

LACHEN UND WEINEN
HABEN IHREN ORT IM LEBEN

Der Volksmund weiß: „Lachen ist gesund." Die Medizin hat uns das neu zu Bewusstsein gebracht. Im Lachen distanziere ich mich von den Fesseln des Alltags und komme in Berührung mit der inneren Freiheit. Ich gebe den Dingen, die mich bedrücken möchten, keine Macht, sondern stelle mich über sie. Wenn der hl. Benedikt seine Mönche vor lautem Lachen warnt, meint er damit freilich etwas anderes: ein Lachen, das den Wehrlosen verletzt, weil es auslacht. Jemanden lächerlich machen ist eine subtile Form von Machtausübung. Doch darum geht es nicht im echten Lachen. Wer herzhaft lacht, der steckt andere an, der zeigt Lebendigkeit und Freiheit. Im Mittelalter gab es das Osterlachen. Da erzählte der Priester in der Osterpredigt Witze, um die Leute zum Lachen zu bringen. In diesem Lachen – so meinten die Theologen damals – würden die Menschen das Geheimnis der Auferstehung erfahren: dass der Tod keine Macht mehr über uns hat. Wir sind frei, im Lachen uns über all das zu erheben, was uns bedrohlich vorkommt.

Es gibt Menschen, die ihre Emotionen kontrollieren wollen. Sie können weder entspannt und herzlich lachen, noch sind sie fähig, ihrer Traurigkeit Ausdruck zu geben und zu weinen. Alles soll nur an der Oberfläche geschehen. Doch Lachen und Weinen sind als emotionale Reaktionen Zeichen von Lebendigkeit. Sowohl beim Lachen als auch beim Weinen hat der Mensch sich nicht „im Griff". Es bricht aus ihm heraus: das Lachen als unvermittelte Reaktion auf die Freude oder auf einen Witz, der zum Lachen reizt, und das Weinen als spontane Reaktion auf ein Ereignis, das einen traurig macht. Aber es gibt auch ein Weinen als Ausdruck einer tiefen Freude. Die frühen Mönche haben die Gabe des Weinens gepriesen. Solches Weinen war die Reaktion auf eine tiefe Gotteserfahrung. Wer Gott wirklich tief in seiner Seele spürt, der bricht in Tränen aus. Denn Gott kann man nicht aus der Distanz erfahren. Wenn ich Gott erfahre, dann ruft das in mir eine starke Reaktion hervor. Solches Weinen ist beides zugleich: Weinen über die Größe Gottes, aber auch ein Weinen über meine Enge und Kleinheit.

> Wir sind frei, im Lachen uns über all das zu erheben, was uns bedrohlich vorkommt.

Die Tränen führen den Menschen – nach der Überzeugung der alten Mönche – in seine Wahrheit. Sie bringen ihn in Berührung mit sich selbst. Der Philosoph Helmuth Plessner erklärt das Weinen „als Ergriffenheit im Ganzen, der sich der Mensch ohne Vorbehalt ausliefert". Es ist demnach Begegnung mit der Sache selbst: direkter Ausdruck wahren Lebens. Mit Lachen und Weinen reagieren wir unmittelbar auf die Welt, die uns in freudigen oder traurigen Ereignissen widerfährt. Und die Welt ist, ebenso wie unser Leben, voll von Ereignissen und Erlebnissen, die beides in uns hervorrufen: Lachen und Weinen.

Jesus verheißt den Weinenden, dass sie lachen werden. Wenn sie sich auf seine Botschaft einlassen, wird sich ihre innere Situation wandeln. Doch den Lachenden, die meinen, ihnen würde alles gelingen und sie könnten über die anderen Menschen lachen, die weniger haben als sie, ruft er zu: „Weh euch, die ihr jetzt lacht; denn ihr werdet klagen und weinen" (Lk 6,25). Jesus will uns mit den Seligpreisungen auf der einen Seite und mit den Wehrufen auf der anderen Seite heute zusprechen: Entscheide dich für das Lachen. Lache über all die Mächte, die dich traurig machen wollen. Denn wenn du auf Gottes Beistand vertraust, haben die fremden Mächte keine Macht über dich. Und umgekehrt will Jesus uns zurufen: Du hast keine Garantie, dass du immer lachen kannst. Daher überlege, worauf du dein Vertrauen setzen willst: auf den Reichtum, den du jetzt genießt und mit dem du dich von den Armen unterscheidest, oder auf Gott. Denn wenn du dein Lachen nur auf äußere Dinge gründest, wird es dir bald vergehen. Daher entscheide dich für das Vertrauen. Selbst wenn Leid dich trifft, wird es dich nicht zugrunde richten. Gottes grenzenlose Barmherzigkeit und Liebe ist der Garant, dass das Lachen siegen wird über das Weinen. Aber solange wir leben, gilt: Lachen hat seine Zeit und Weinen hat seine Zeit. Erst wenn die Zeit aufgehoben wird im Tod, werden Freiheit und Freude endgültig herrschen, dann werden alle Tränen abgewischt und dann wird das Lachen endgültig den Sieg davontragen.

ARBEITEN UND AKTIVSEIN HABEN IHRE ZEIT. ABER AUCH RUHE UND KONTEMPLATION

Arbeit bestimmt einen Großteil unserer Lebenszeit. Aber sie darf nicht zur alles bestimmenden Größe werden. Auf die Balance kommt es an: Wir brauchen Zeiten der Ruhe, der Muße und Kontemplation, damit uns die Arbeit nicht auffrisst. Aber wir brauchen genauso Zeiten, in denen wir aktiv sind, damit wir uns nicht einfach hängen lassen und die innere Spannung verlieren. In der Tradition des hl. Benedikt ist es der Zusammenhang von Arbeiten und Beten, von „ora et labora", der diesen Bezug von Anspannung und Ruhe, den Bezug zur Welt und zu Gott, betont.

> In beiden, im Gebet und in der Arbeit, geht es um die Haltung der Hingabe.

Ein junger Mann wollte unbedingt ins Kloster gehen. Aber er meinte, er sei ein kontemplativer Typ. Er könne höchstens drei Stunden am Tag arbeiten. Die übrige Zeit brauche er für die Kontemplation. Dieser junge Mann verwechselte Kontemplation mit: Zeit haben für sich selbst. Und letztlich war Kontemplation für ihn ein narzisstisches Kreisen um sich selbst. Der hl. Benedikt fordert nicht umsonst seine

Mönche auf, zu beten und zu arbeiten. Beides gehört zusammen. Und für beides gibt es bestimmte Zeiten. Es gibt Zeiten, in denen ich bewusst nichts nach außen tue, in denen ich es mir gönne, einfach dazusitzen und zu meditieren und auf die Stille zu hören. Aber wenn ich immer nur dasitze und meditiere, wird die Meditation irgendwann leer, und ich verliere die innere Spannung. Erst der Wechsel von Zeiten der Aktion und der Kontemplation hält uns innerlich lebendig.

Benedikt kennt aber nicht nur Zeiten für die Aktion und die Kontemplation, für die Arbeit und für das Gebet. Er versteht die Arbeit auch als einen Test auf die Echtheit des Gebets. Wer sich der Arbeit verweigert, der verweigert sich letztlich auch im Gebet Gott gegenüber. Er benutzt das Gebet nur als eine Zeit, in der er um sich selbst und seine Bedürfnisse und Gefühle kreist. Im Gebet und in der Arbeit geht es letztlich um Hingabe: Im Gebet gebe ich mich Gott hin. In der Arbeit überlasse ich mich ganz der Arbeit. Ich arbeite hingebungsvoll. Und diese Hingabe an die Arbeit ist für Benedikt kein Gegensatz zur Hingabe im Gebet. Im Gegenteil: Indem ich mich der Arbeit hingebe, gebe ich mich Gott hin, der mich ruft, mein Ego loszulassen und mich einzulassen auf ihn selbst und auf die Menschen und auf das, was das Leben von mir fordert: Und das ist eben die Arbeit. Und was für die Mönche gilt, das gilt überhaupt für jeden Menschen.

Nicht alle erleben das so. Viele erfahren heute die Arbeit als etwas Anstrengendes, als Mühe und oft genug als etwas

Fremdes, das ihnen auferlegt wird. Diese negative Bedeutung von Arbeit bzw. arbeiten steckt schon in dem deutschen Wort, das ursprünglich wohl bedeutet: „ein zu schwerer körperlicher Arbeit verdingtes Kind sein". Im deutschen Wort ist also der Zwang zur Arbeit und die Schwere der Arbeit gemeint. Eine positive Bedeutung bekam das Wort erst bei Luther. Hier wurde Arbeit als berufliche Tätigkeit verstanden. Beruf aber kommt von Ruf: Gott beruft den Menschen zur Arbeit.

Ähnlich wie das deutsche Wort hat auch das lateinische Wort „labor" den Geschmack von Mühe. Das griechische Wort „poiein" dagegen hat etwas Kreatives. „Poiein" heißt „arbeiten" – aber auch dichten, schaffen, gestalten. Die Arbeit ist also der Ort, an dem der Mensch etwas Neues schaffen und gestalten kann. Der hl. Benedikt hat diese positive Bedeutung der Arbeit im Blick, wenn er von den Handwerkern als „artifices" spricht (was ja auch „Künstler" bedeuten kann). „Ora et labora", „beten und arbeiten" – beides gehört für ihn zusammen. Die Verbindung von beiden Polen verwandelt auch die Arbeit. Das meint: Der gesunde Wechsel von Gebet und Arbeit, von Tätigsein und Ausruhen gibt sowohl meinem Gebet als auch der Arbeit eine neue Qualität. Das Gebet wird zum Innehalten, um im Innern die eigene Quelle zu entdecken. Und die Arbeit strömt dann aus dieser inneren Quelle heraus. Dann ist die Arbeit nicht etwas völlig Fremdes, das mir auferlegt ist, das ich als eine äußere Pflicht erfüllen muss. Vielmehr strömt sie aus der inneren Quelle heraus. Sie wird zur Frucht des Gebetes. Und in beiden, im Gebet und in der Arbeit, geht es um die Haltung der Hingabe. Im Gebet halte ich mich Gott hin und bekenne, dass ich letztlich Gott gehöre. Wenn ich hingebungsvoll arbeite, dann verliert die Arbeit das Mühselige. Dann kann ich mich dabei selbst vergessen. Die Arbeit fließt dann aus der Quelle der Liebe heraus. Und dann bekommt sie eine andere Qualität.

Aber um diese neue Qualität der Arbeit zu erfahren, braucht es auch den Wechsel von Arbeit und Ausruhen, von Arbeit und Gebet. Das Gebet darf allerdings nicht verzweckt werden, damit ich besser und mehr arbeiten kann. Es ist vielmehr in sich wertvoll. Es ist ein Atmen der Seele. Da komme ich mit meiner Seele in Berührung, mit dem inneren Raum der Stille. Und in diesem Raum der Stille kann ich ausruhen. Da erlebe ich den Augenblick, in dem ich jetzt gar nichts leisten muss. Wenn ich diesen Augenblick genieße, dann bekomme ich auch wieder Lust zu arbeiten.

> Der Wechsel von Aktion und Kontemplation hält uns innerlich lebendig.

Der Sonntag ist normalerweise ein Tag, an dem wir bewusst die Arbeit loslassen und uns der Ruhe überlassen. Doch für viele ist der Sonntag nur zu einer Art anderer Beschäftigung geworden. Man hetzt von einem Event zum nächsten. Man setzt sich neuem Stress aus, indem man etwa aufwendige Touren ins Gebirge macht und diesen oder jenen Gipfel erklimmen muss, auch wenn man dann bei der Rückfahrt stundenlang im Stau steht. Wir müssen es wieder lernen, Zeiten der Ruhe, der Muße und der Kontemplation zu genießen, damit wir auch wieder gerne arbeiten. Wer sich während der Arbeit ständig nach dem freien Wochenende sehnt, der hat keine gute Verbindung zwischen Aktion und Kontemplation für sich geschaffen.

Muße ist auch eine Voraussetzung für Kontemplation. Muße meint die Haltung des Innehaltens, des Geschehen-Lassens, des Schweigens, der Ruhe. Ich nehme mir die Freiheit, frei zu sein von dem Zwang, ständig etwas tun und leisten zu müssen. Ich gebe auch nicht der Versuchung nach, anderen den Eindruck zu vermitteln, dass ich viel zu tun habe und deswegen wichtig bin. Und ich genieße diese Freiheit, weil ich weiß: Ich muss die Welt nicht ständig verändern. Ich lasse sie erst einmal so, wie sie ist. Ich bestaune und bewundere sie in ihrer Schönheit. Ich nehme wahr, was sie mir sagen möchte. Ich lasse die Pflanzen wachsen. Ich lasse die Menschen sein, wie sie sind. Ich stehe nicht unter dem Druck, alles um mich herum und vor allem meine Mitmenschen ständig ändern zu müssen. Erst wenn ich sie lassen kann, wie sie sind, entdecke ich, wohin sie sich entwickeln möchten und wie ich ihnen beistehen kann, die zu werden, die sie von ihrem innersten Wesen her sind.

In der Kontemplation – in der Meditation, im Gebet – komme ich in Berührung mit der inneren Quelle. Und aus dieser Quelle kann ich dann bei der Arbeit schöpfen. Die Kontemplation führt mich in den Grund meiner Seele. Und dort erst erfahre ich die Quelle des Heiligen Geistes, die in mir sprudelt. Wenn ich aus dieser Quelle schöpfe, dann werde ich nicht so leicht erschöpft. Denn die Quelle ist unerschöpflich, da sie göttlich ist. Ich kann aus dieser Quelle allerdings nur schöpfen, wenn ich durchlässig bin für den Geist Gottes. Wenn ich die Quelle des Heiligen Geistes benutzen würde, um mein Ego zu stärken und mich nach außen hin als unbegrenzt belastbar zu zeigen, dann könnte diese Quelle in mir nicht fließen. Sie fließt nur dann, wenn ich mein Ego loslasse und mich für den Geist Gottes öffne. Dann bekommt meine Arbeit eine andere Qualität. Sie verliert das Harte und Unerbittliche. Sie strömt und sie bringt Segen, weil sie vom Geist Gottes durchdrungen ist.

Arbeit und Ruhe gehören zusammen
wie Auge und Lid.

(Rabindranath Tagore)

DER ALLTAG HAT SEINE ZEIT.
UND AUCH DAS FEIERN VON FESTEN

Das deutsche Wort „Alltag" ist erst um das Jahr 1800 entstanden. Es meint das, was wir alle Tage, was wir täglich leben. Es ist das Gewöhnliche, das nichts Besonderes ist. Und in dem Wort steckt auch, dass jeden Tag allerhand Dinge und allerlei Arbeiten anfallen. Das Wort „All" bezeichnet aber auch das Universum. Der Alltag bestimmt alles im Menschen. Das All des Alltags ist oft so mächtig, dass Gott da keinen Raum hat. Daher war es seit jeher ein Bedürfnis der Menschen, den Alltag durch Feste zu durchbrechen.

> Die Zeit des Alltags verbraucht sich. Ein Fest bringt uns in Berührung, mit der unverbrauchten Zeit des Anfangs.

Das ursprünglichste Fest, von dem uns die Bibel erzählt, ist der Sabbat, im christlichen Bereich dann der Sonntag. Am siebten Tag, am Sabbat, ruhte Gott von seinem Werk aus. Und er erklärte diesen Tag für heilig. Heilig ist das, was dem Zugriff der Welt entzogen ist. Das Heilige gehört Gott. Darüber hat die Welt keine Macht. So ist das Fest eine Zeit, die den unerbittlichen Lauf der Zeit, wie sie uns im Alltag begegnet, durchbricht, die uns einen Freiraum schafft. Dieser Freiraum ist geprägt von Ruhe und Muße. Der Freiraum gehört zum Wesen des Menschen. Ohne Feste würde der

Mensch zum Sklaven der Arbeit. Doch die Arbeit – so sagt die Bibel – wird erst vollendet durch die Ruhe des Sabbats. „Am siebten Tag vollendete Gott das Werk, das er geschaffen hatte, und er ruhte am siebten Tag" (Gen 2,2). Ohne Ruhe wird die Arbeit nicht vollendet. Da geht sie immer weiter, sie hört nie auf. Aber sie wird auch nicht wirklich ganz, vollkommen. Die Ruhe ist nötig, um die Arbeit zu betrachten und dankbar wahrzunehmen.

Das deutsche Wort „Fest" bezieht sich auf das lateinische Wort „feriae". Und das waren freie Tage. Das Fest hat daher immer mit Freiheit zu tun. Das Fest muss nichts bringen. Ich feiere das Zweckfreie, ich feiere das Leben, die Freude am Leben. Und das Fest hält mir heilsame Bilder vor Augen, die mich in Berührung bringen wollen mit meinem wahren Selbst. Für C. G. Jung ist daher das Kirchenjahr ein therapeutisches System. An jedem Fest feiern wir Bilder, die den heilsamen Bildern unserer Seele entsprechen und sie in uns hervorlocken möchten. Ein Fest zu feiern tut daher immer unserer Seele gut.

Ein Fest – so sagen die Religionspsychologen – bringt uns mit der heiligen Zeit in Berührung, mit der unverbrauchten Zeit des Anfangs. Die Zeit des Alltags verbraucht sich. Sie muss gleichsam immer wieder erneuert werden durch den Kontakt mit der heiligen Zeit des Anfangs. Das Fest durchbricht den Alltag und öffnet ihn auf Gott hin, auf die Transzendenz hin: auf etwas, was größer ist. Das Fest – so der Philosoph Josef Pieper – ist Zustimmung zum Leben: „Es bringt den Menschen zum Einverständnis mit sich selbst."

Und es verbindet uns mit anderen Menschen. Man kann ein Fest nicht allein feiern. Im Fest erleben wir die Geborgenheit in der und das Getragensein von der Gemeinschaft.

Es braucht also beides: den Alltag, an dem wir uns all den Aufgaben widmen, die das Leben uns stellt, und das Fest, das die Routine des Alltags durchbricht und unser Leben auf Gott hin öffnet. Aber zugleich kommt es darauf an, dass wir auch unseren Alltag immer wieder für Gott öffnen. Diese Aufgabe – so sagt uns die geistliche Tradition – erfüllen die Rituale und das tägliche Gebet. Rituale schaffen mitten im Alltag eine heilige Zeit, eine Zeit, die Gott und die mir selbst gehört, über die niemand verfügen kann, in der ich ganz bei mir selbst bin, in der ich selber lebe, anstatt gelebt zu werden. Und Rituale bringen uns in Berührung mit den Wurzeln unserer Vorfahren, mit der Lebenskraft und Glaubenskraft all der Menschen, die sich vor uns an diesen Ritualen festgehalten und mit ihnen ihr Leben gemeistert haben.

Ohne Rituale wird unser Alltag leicht zum Hamsterrad. Er würde alles in uns bestimmen. Die Rituale sind eine Unterbrechung des Alltags und ein Aufbrechen des Alltags für die Transzendenz, die im Ritual in unser Leben einbricht. Rituale sind die Bedingung, dass wir den Alltag von Gott her und mit Gottes Segen und Kraft bewältigen. Wie das Fest geben uns auch die Rituale das Gefühl der inneren Freiheit, unserer Würde und unserer Identität. Und sie geben uns die Sicherheit, dass wir auch im Alltag nicht herausfallen aus der Beziehung zu Gott, aus dem Bezug zur Transzendenz.

ENGAGEMENT IST WICHTIG.
ABER AUCH GELASSENHEIT TUT GUT

Ich kenne Menschen, die brennen immer für etwas und setzen sich ständig leidenschaftlich für etwas ein. Aber manchmal geraten diese Menschen auch in Gefahr, vor lauter Engagement auszubrennen. Weil sie immer brennen für etwas, brennen sie irgendwann einmal aus. Denn der Vorrat an Material, das brennen kann, ist für jeden Menschen beschränkt.

> Es ist gut, wenn wir ein starkes Ich haben. Es bewegt etwas in der Welt. Doch es braucht auch den Gegenpol: das Freiwerden von der Herrschaft des Egos.

Daher braucht es als Gegenpol die Gelassenheit. Wir verbinden mit Gelassenheit das Gefühl von Ruhe. Jemand lässt sich nicht aus der Ruhe bringen. Er ist bei allem ruhig und gelassen. Doch das ist nur eine Bedeutung von Gelassenheit. Die andere: Ich lasse die Dinge so, wie sie sind. Ich lasse die Menschen, wie sie sind. Ich habe nicht den Ehrgeiz, alles und jeden zu ändern. Ich kann sie lassen, wie sie sind. Und ich stehe auch nicht unter Druck, mich selber ständig ändern zu müssen. Ich kann mich selbst lassen. Diese Art von Gelassenheit verlangt, dass ich mein Ego loslasse. Denn das Ego will immer etwas tun, es will immer imponieren, sich darstellen, im Mittelpunkt stehen. Das Ego steht unter Druck. Es will immer etwas tun. Es ist gut, wenn wir ein starkes Ich haben. Es bewegt etwas in der Welt. Doch es braucht auch den Gegenpol: das Loslassen des Egos, das Freiwerden von der Herrschaft des Egos.

Aber auch wenn Gelassenheit bedeutet, loslassen zu können und an Zielen nicht festzuhalten, wenn sie sich als unerreichbar herausstellen, heißt das nicht, dass damit auch die Sehnsucht stirbt und der Traum von einer besseren Welt einfach ausgeträumt ist. Beides ist also nötig.

Der Wechsel von Engagement und Gelassenheit tut im Übrigen auch unserer Arbeit gut. Wir arbeiten engagiert. Wir setzen uns für Ziele ein. Wir treiben ein Projekt voran. Aber dann braucht es auch Phasen der Gelassenheit, in denen wir die Dinge erst einmal laufen lassen. Wir können auch ein Pferd nicht immer antreiben, wir müssen ihm auch die Gelegenheit geben, sich auszuruhen oder gelassen im eigenen Tempo zu traben. Wir können den Baum pflanzen, ihn gießen und für ihn sorgen. Aber es braucht immer auch Zeiten, in denen wir ihn lassen sollen, damit er so wachsen kann, wie es seiner Natur entspricht.

Hoffnung und Angst können
das Wetter nicht ändern.

(Tibetisch)

GESUNDSEIN IST WICHTIG,
ABER AUCH KRANKHEIT IST LEBEN

Wer ist eigentlich gesund? Es steckt viel Wahrheit in der Antwort, die ein Hausarzt einmal auf diese Frage gab: „Wer mit seinen Krankheiten einigermaßen glücklich leben kann." Karl Valentin hat es auf seine Art und paradox formuliert: „Gar nie krank ist auch nicht gesund." Wenn wir einen anderen fragen, wie es ihm geht, hören wir als Antwort häufig: „Hauptsache, ich bin gesund." Welches Gut die Gesundheit ist, erfahren wir oft erst, wenn wir krank sind. Manche Menschen, vor allem ältere, kreisen in Gesprächen gerne um ihre Krankheiten oder „Wehwehchen". Und viele

> Die Krankheit verweist mich auf eine Grundbefindlichkeit meines Menschseins, auf meine Brüchigkeit. Sie zwingt mich, mich zu fragen: Wer bin ich wirklich?

kreisen heute ständig auch um ihr Wohlbefinden. Sie wollen auf jeden Fall möglichst lange gesund und fit bleiben. Gesundheit als „höchstes Gut": Dafür machen sie alles Mögliche, unterziehen sich immer wieder Diäten oder nehmen allerlei Nahrungsergänzungsmittel, die angeblich ihre Gesundheit garantieren. Doch eine solche sichere Methode gibt es nicht. Manche erleben eine Krankheit als Niederlage. Sie meinen: Wenn ich gesund lebe, mich gesund ernähre und auch eine gesunde Spiritualität habe, dann dürfte ich doch gar nicht krank werden.

Doch offensichtlich hat auch die Krankheit eine wichtige Aufgabe in unserem Leben, indem sie uns zeigt: Die Gesundheit ist ein Geschenk, nichts, was wir selbst „machen" können. Zum anderen verweist uns Krankheit auf unsere eigene Wahrheit und kann uns zu unserem wahren Selbst führen. Sie zerbricht die Illusionen, die ich mir über mich gemacht habe: etwa die Illusion, dass ich alles kann, was ich möchte, dass ich immer gesund sein werde oder dass ich meine Gesundheit im Griff habe. Die Krankheit verweist mich auf eine Grundbefindlichkeit meines Menschseins, auf meine Brüchigkeit. Sie zwingt mich, mich zu fragen: Wer bin ich wirklich? Bin ich nur der erfolgreiche, der immer gesunde Mensch? Was ist mein wahres Selbst? Wer ist der Mensch, der krank geworden ist? Und die Krankheit macht mich demütig, indem sie zeigt: Ich habe meinen Leib nicht als Besitz. Ich kann ihn nicht benutzen wie eine Maschine. Ich muss gut und achtsam mit ihm umgehen.

Beides gehört zum Leben. Und so kann auch der Wechsel von Krankheit und Gesundheit für uns heilsam sein: Es ist ein Geschenk, wenn wir gesund leben dürfen. Aber die Krankheit zeigt uns auch unser Maß. Sie weist uns darauf hin, dass wir nicht maßlos arbeiten können, dass wir auf unseren Leib hören sollen. Er gibt uns oft genug Signale, was das rechte Maß für uns ist. Aber wir überhören gerne diese

Signale. Dann braucht es die Krankheit, damit wir hellhörig werden und auf die Stimme unseres Leibes achten, und es braucht die Fähigkeit, darin letztlich Gott selbst zu hören, der darin zu uns spricht, und dieser Stimme zu gehorchen.

Ich glaube, es gibt gewisse Tore, die einzig die Krankheit öffnen kann. Vielleicht verschließt uns die Krankheit einige Wahrheiten, ebenso aber verschließt uns die Gesundheit andere.

(André Gide)

GENIESSEN HAT SEINEN PLATZ.
ABER AUCH DAS VERZICHTEN

In allen Religionen und Kulturen gibt es Zeiten des Verzichtens und Zeiten des Genießens, Zeiten des Fastens und Zeiten des Feierns. Dieser Wechsel bringt dem Leben Würze. Wenn wir immer nur im Genießen lebten, würde uns die Freude daran bald verleidet. Und umgekehrt ist Verzicht auch nicht das Gegenteil von Genuss. Vielmehr steigert das Verzichten den Genuss.

Auch die Psychologie weiß: Nur wer verzichten kann, kann auch wirklich genießen. Genießen hat immer mit dem rechten Maß zu tun. Genuss ist das Gegenteil von Gier. Gierige Menschen schlingen immer mehr in sich hinein. Sie stopfen sich zu mit Essen und Trinken, weil sie eine innere Leere ausfüllen wollen. Aber sie spüren nicht, was sie essen oder trinken. Sie erfahren nicht die Freude: nicht im Wein, den sie trinken, noch in der Landschaft, durch die sie rasen. „Wer genießen kann, trinkt keinen Wein mehr, sondern kostet Geheimnisse", hat Salvador Dalí gesagt. Der gierige Mensch hat keine Beziehung zu seinem Leib und zu seiner Umgebung. Er erfährt nicht das Geheimnis der Dinge. Genießen ist also in sich schon Verzichten: Verzicht auf die Maßlosigkeit. Ich setze mir bewusst eine Grenze, damit ich wirklich genießen kann.

Askese ist nichts Negatives, sondern Training in die innere Freiheit. Wir spüren oft, dass jemand, der hart gegen sich selbst ist, genauso hart gegenüber anderen Menschen wird. Wenn Askese aber nur Lebensverneinung wäre oder als das Erbringen einer Leistung verstanden würde, dann bliebe sie wertlos. Für die frühen Mönche war die Sanftmut das Kriterium, ob die Askese „stimmt" oder nicht. Wenn jemand durch seine Askese nicht sanftmütig wird, sondern hart, dann ist sie narzisstisches Kreisen um sich selbst. Man rühmt sich dann, wie einfach man leben kann, aber man wird unduldsam gegenüber anderen. Sanftmütig aber heißt, dass wir bereit sind, alles, was in uns ist, zu sammeln, anzunehmen, zu umarmen. Und das, was uns bei anderen aufregt – dass sie z. B. das Essen genießen oder zu viel essen –, das ist auch in uns. Nur wenn wir es in uns sanft umarmen, werden wir auch sanft mit den Menschen umgehen.

> Erst der Wechsel zwischen Genießen und Verzichten bringt dem Leben Würze.

Genießen hat immer mit dem Guten und Schönen zu tun. Wir genießen eine Speise, die gut schmeckt. Wir genießen ein Buch, das gut geschrieben ist, genauso wie wir uns an der Schönheit eines Bildes, eines Musikstücks oder an der Schönheit der Natur erfreuen. Genießen meint nicht konsumieren: „Schön" hat auch mit „schonen" zu tun. Ich kann die Schönheit der Natur nur genießen, indem ich behutsam mit ihr umgehe, sie hege und pflege. Und einen Menschen erlebe ich als schön nur dann, wenn ich ihn schone, wenn ich ihn nicht bewerte oder benutze, sondern ihn einfach sein lasse, wie er ist.

Eine Voraussetzung, um genießen zu können, ist die Zeit. Ich lasse mir Zeit beim Essen und kaue bewusst das, was ich in den Mund nehme. Beim langsamen Kauen spüre ich den Geschmack des Brotes, der Kartoffel, des Käses, des Gemüses. Alles wird dabei intensiver wahrgenommen. Ich lasse mir auch Zeit, um ein Bild anzuschauen und auf mich wirken zu lassen. Ich setze mich in aller Ruhe auf eine Bank und setze mich der Ausstrahlung des Bildes aus. Ich hetze auch nicht im letzten Augenblick ins Konzert, sondern gönne mir den ganzen Abend, um die Musik in mich eindringen zu lassen. Auch der Genuss einer Landschaft braucht Zeit. Ich halte inne und schaue, lasse einfach die Landschaft auf mich wirken und setze mich nicht unter Druck, welche Berge ich identifizieren kann.

> Genießen setzt Zeit voraus –
> und Achtsamkeit.

Dass zum Genießen Zeit gehört, meint auch: Wir müssen nicht jedes Bedürfnis sofort zufriedenstellen. Wenn ich einen Genuss aufschiebe, kann mich gerade dieses Warten auch öffnen, damit ich dann das, wonach ich mich sehne, wirklich genießen kann, sei es das Essen, sei es das Konzert, seien es die Bilder im Museum.

Die andere Voraussetzung für wirklichen Genuss ist die Achtsamkeit. Ich esse bewusst, ich nehme bewusst die Landschaft wahr, durch die ich wandere. Die Musik berieselt mich nicht beim Arbeiten. Ich lasse alles andere beiseite und widme mich bewusst der Musik. Ich höre mich in sie hinein, spüre, was sie mit mir macht. Ähnlich ist es bei den Bildern der Kunst. Manche Menschen verstehen den Besuch eines Museums wie eine Andacht. Sie schauen die Schönheit der Bilder an und spüren, wie die Schönheit ihnen guttut, wie sie heilsam auf ihre Seele wirkt.

Genießen ist übrigens immer auch ein Thema der Spiritualität gewesen. Das Ziel des geistlichen Lebens – so sagen geistliche Autoren – ist die „fruitio Dei", das Genießen Gottes. Wenn wir vom Genießen Gottes sprechen, dann entsteht in uns ein anderes Gottesbild als das Bild des fordernden Gottes, der vor allem die Erfüllung seiner Gebote von uns erwartet. Natürlich ist Gott auch der Schöpfer, vor dem wir niederfallen, oder der Gott, der uns herausfordert. Aber Gott ist auch der, den wir genießen dürfen. Das Genießen Gottes – so sagt die geistliche Tradition – erfüllt die größte Sehnsucht des Menschen. Und dieser Gottesgenuss kann auch geschehen, indem wir uns bewusst an der Musik, dem guten Essen, den schönen Bildern freuen.

Wenn wir uns auf beides einlassen und akzeptieren, dass uns von Gott her Zeiten des Genießens und des Verzichtens zugedacht sind, dann wird unser Leben gelingen.

NEGATIVE GEFÜHLE DÜRFEN SEIN, ABER SIE BESTIMMEN UNS NICHT

Wir alle kennen nicht nur die schönen Gefühle: Liebe, Freude, Glück, Begeisterung. Jeder von uns kennt auch Angst, Ärger, Neid, Eifersucht, Scham usw. Doch oft genug haben nicht wir die Gefühle, sondern die Gefühle haben uns im Griff. Negative Gefühle wollen wir gerne loswerden. Doch das gelingt uns nicht. Je mehr wir gegen sie kämpfen, desto stärker werden sie. Auch sie haben ihre Zeit und ihren Sinn, auch sie dürfen sein. Es kommt darauf an, wie wir mit ihnen umgehen.

Schon die frühen Mönche haben sich intensiv mit ihren Emotionen auseinandergesetzt. Auch sie rechnen damit, dass in jedem negative Gefühle auftauchen. Sie erschrecken nicht davor. Sie sagen vielmehr: Wir sind nicht verantwortlich für die Gefühle, die in uns auftauchen, sondern nur dafür, wie wir damit umgehen. In den Emotionen steckt eine Kraft. Emotion kommt ja von „movere" = „bewegen". Wenn ich die Emotionen abschneide, dann trenne ich mich von einer wichtigen Kraftquelle. Aber natürlich gibt es auch negative Emotionen, die mich beherrschen: Die Wut kann so groß werden, dass ich explodiere. Der Neid kann mich innerlich auffressen, die Gier mich nie zur Ruhe kommen lassen, die Angst mich lähmen, die Traurigkeit mich herunterziehen.

Die Mönche nennen die Emotionen „logismoi" = „gefühlsbetonte Gedanken, Gedankengebäude, Gedankenspiralen" oder auch „pathe" = „Leidenschaften". Manchmal sprechen sie auch von Dämonen, um auszudrücken, dass diese Emotionen wie Feinde uns angreifen und uns beherrschen möchten. Es geht ihnen also nicht darum, die Emotionen auszurotten, sondern mit ihnen zu ringen, damit sie die positive Kraft, die in ihnen steckt, für sich nutzen können. In jedem Gefühl steckt ein Sinn. Und es kommt immer darauf an, den Sinn des Gefühls zu erkennen und die Kraft zu entdecken, die mich stärken möchte.

Emotionen sind eine Quelle der Energie. Ich kann mit ihnen so umgehen, dass sie mich auch lebendiger und menschlicher machen.

Es gibt ein Märchen, das diese Weisheit in einem schönen Bild ausdrückt, das Märchen von den drei Sprachen. Es erzählt uns von einem jungen Mann, der die Sprache der Hunde gelernt hat. Als er in einem Turm übernachten muss, in dem aggressive Hunde hausen, die ihn mit lautem Bellen empfangen, spricht er freundlich mit ihnen in ihrer Sprache. Und sie verraten ihm, dass sie nur deshalb so wild bellen, weil sie einen Schatz hüten. Sie zeigen ihm den Schatz und helfen ihm, den Schatz auszugraben. Dann verschwinden sie. Die Weisheit dahinter: Dort, wo unsere Emotionen am lautesten bellen, wo sie uns am stärksten beherrschen wollen, dort liegt auch ein Schatz. „Schatz" ist ein Bild für das wahre Selbst. Unsere Emotionen, die sich so laut zu Wort melden, wollen uns einladen, den inneren Schatz in uns zu entdecken und ihn auszugraben. Wir müssen nur ihre Sprache verstehen und uns mit ihnen unterhalten. Dann leisten sie uns einen wichtigen Beitrag zu unserer Menschwerdung. Dann zeigen sie uns, worauf wir besonders achten und was wir in uns schützen sollen.

Lerne die wahre Freude,
und du wirst Gott kennenlernen.

(Sri Aurobindo)

GELINGEN HAT SEINE ZEIT. UND AUCH SCHEITERN GEHÖRT ZUM LEBEN

Wir sehnen uns danach, dass unser Leben gelingt. Wenn ich früher Fußball spielte, wollte ich auch gewinnen. Aber man kann nicht immer gewinnen, weder im Fußball noch im Leben. Das habe ich in der Zeit meiner wirtschaftlichen Verantwortung für unser Kloster als Cellerar oft genug erlebt. Manches ist gelungen. Bei manchen Projekten habe ich aber auch verloren. Wenn ich z. B. Geld anlege, dann werde ich es nur erfolgreich tun können, wenn ich auch verlieren kann.

Wenn wir einen Beruf ergreifen, wollen wir erfolgreich sein. Aber es gibt auch das Scheitern im Beruf. Wenn wir eine Ehe eingehen, so tun wir es in der Hoffnung, dass sie ewig hält. Auch im Prozess unserer Menschwerdung wollen wir immer weiter kommen, immer reifer werden. Doch dann machen wir die Erfahrung des Scheiterns. Wir scheitern im Beruf, weil wir an die eigenen Grenzen kommen oder weil die Firma verkauft wird und wir keine Chance mehr haben, in unserem Beruf weiterzuarbeiten. Die Ehe scheitert trotz aller Bemühungen, fair miteinander umzugehen, trotz aller Eheberatung und allen Bemühens, die Beziehung zu retten. Oder wir haben den Eindruck, dass wir auch auf unserem Reifungsweg gescheitert sind, dass auf einmal Schattenseiten so stark geworden sind, dass sie all das, was wir psychisch erarbeitet haben, zum Einsturz bringen.

Es tut weh, sich das Scheitern einzugestehen. Aber nach

dem Schmerz über das Scheitern geht es darum, sich damit auszusöhnen. Das Aussöhnen gelingt aber nur, wenn ich den Sinn meines Scheiterns erkenne.Vielleicht bin ich Illusionen nachgelaufen.Vielleicht war das Idealbild von mir selbst oder auch von meiner Ehe zu hoch. Dann scheitere nicht ich an meinem Leben, sondern mein Entwurf des Lebens scheitert. Er zerbricht, damit ich die Gestalt meines Lebens neu forme. Die alte Vase ist zerbrochen, damit aus den Scherben etwas Neues geformt wird, etwas, was meinem wahren Wesen mehr entspricht. Wenn wir das Scheitern so sehen, kann es zur Chance werden, in die Gestalt hineinzuwachsen, die unserem wahren Selbst entspricht. Wir sollen das Scheitern nicht suchen. Wir sollen natürlich dankbar sein, wenn wir nicht scheitern. Aber manchmal erkennen wir, dass das Scheitern notwendig war, um frei zu werden von meinen falschen oder zu großen Bildern, die ich mir von mir selbst und von meinem Leben gemacht habe. Und diese Erfahrung kann zu innerer Reifung, zu mehr Ruhe und Gelassenheit führen. Und das Scheitern kann mein Leben auf neue Weise gelingen lassen. Das Gelingen bekommt eine neue Qualität. Es geht nicht nur um das äußere, sondern letztlich um ein inneres Gelingen, um das Gelingen meiner Menschwerdung, ganz gleich, wie andere mein Leben sehen.

Auch Scheitern kann zur Chance werden, in die Gestalt hineinzuwachsen, die unserem wahren Selbst entspricht.

SICH ZUFRIEDENGEBEN. ABER IMMER AUCH DER SEHNSUCHT TRAUEN

Eine Spannung, die zu einem gelingenden Leben gehört, ist die zwischen Zufriedenheit und Sehnsucht. Es gibt Menschen, die nie zufrieden sind: nicht mit ihrer Arbeit und nicht mit ihrer Wohnung oder mit der Stadt, in der sie wohnen, mit den Nachbarn, mit ihrer Familie. Diese Unzufriedenheit ist oft Ausdruck des inneren Unfriedens. Diese Menschen sind nicht in Frieden mit sich selbst, und so projizieren sie ihren inneren Unfrieden auf die äußeren Lebensumstände.

Wenn ich mich, durch meine Unzufriedenheit hindurch, frage: „Wer bin ich?", dann komme ich in den inneren Grund meiner Seele. Dort habe ich eine Ahnung, wer ich in Wirklichkeit bin. Ich kann dieses wahre Selbst nicht beschreiben. Aber ich habe das Gefühl, dass ich ganz bei mir bin. Und in diesem Augenblick sind Fragen wie die, ob ich gut genug bin, wie ich von anderen gesehen werde oder was ich nach außen hin alles noch zu erledigen habe, nicht mehr wichtig. Dann bin ich in Frieden mit mir selbst. Dann bin ich zufrieden.

Solche Zufriedenheit meint keine satte Zufriedenheit. Diese satte Zufriedenheit macht unbeweglich. Oft ist sie der Angst vor dem Neuen geschuldet. Es soll alles so bleiben, wie es ist. Dann brauche ich mich nicht umzustellen. Wirkliche Zufriedenheit bedeutet, dass ich im Frieden bin mit meinem Leben, dass ich mich ausgesöhnt habe mit meiner Lebensgeschichte und dass ich Ja gesagt habe zu mir selbst.

Das griechische Wort für Frieden, „eirene", kommt aus der Musik und meint die Harmonie der verschiedenen Töne, ein Zusammenklingen von hohen und tiefen, von leisen und lauten Tönen. Es ist also nichts Festgefahrenes, sondern etwas Lebendiges. Wie in der Musik müssen die Töne immer wieder neu zusammenklingen.

Der andere Pol, der zu uns gehört, ist die Sehnsucht. Die Sehnsucht geht über diese Welt hinaus. Sie verweist uns auf etwas in uns, das diese Welt übersteigt. Aber genau dies hält uns lebendig. Sehnsucht ist keine Flucht vor der Banalität des Lebens in grandiose Träume eigener Größe. Vielmehr befähigt mich die Sehnsucht, die letztlich nur Gott zu erfüllen vermag, Ja zu sagen zur Durchschnittlichkeit und Banalität meines Lebens. Weder meine Arbeit noch meine Familie noch meine persönliche Situation – nichts von all dem muss meine tiefste Sehnsucht erfüllen. Zu unserem Leben gehören nun einmal auch Enttäuschungen. Viele weichen dieser schmerzlichen Erkenntnis lieber aus. Aber dann sind sie ständig auf der Flucht vor sich selbst. Dann kommen sie nie zur Ruhe. Wenn wir uns unserer Sehnsucht stellen, dann können wir uns damit aussöhnen, dass unser Beruf unsere Erwartungen nicht erfüllt. Dann sind wir einverstanden mit uns selbst, mit unseren Fehlern und Schwächen. Unsere Sehnsucht geht über unseren Beruf und über uns selbst hinaus. Sie relativiert alles, was wir hier tun. Dadurch befreit sie uns von dem verbissenen Streben nach immer mehr Erfolg und Anerkennung. Sie befreit uns von dem Druck, unter den wir uns oft genug selbst setzen.

Die Sehnsucht bringt uns in Berührung mit uns selbst. Wenn ich meine Sehnsucht spüre, dann bin ich in meinem Herzen. Und dann haben die anderen mit ihrer Erwartung keine Macht über mich. Sie lässt das Herz weit werden, auch gegenüber den Menschen. Es lässt Raum für andere. Es verurteilt nicht. Für den hl. Benedikt ist das weite Herz geradezu Zeichen für einen geistlichen Menschen: Dort, wo ich mich meiner Sehnsucht stelle, bin ich auf der Spur des Lebens, entdecke ich meine eigene Lebendigkeit.

> Es geht darum, meiner Sehnsucht zu trauen und mich von ihr in die Weite und in die Freiheit, in die Liebe und in die Lebendigkeit führen zu lassen.

Die Realität meines Lebens anzunehmen, so wie sie ist, das bedeutet also keine Resignation, weil ich eben nicht mehr zu erwarten habe. Die Sehnsucht weitet vielmehr mitten im banalen Alltag meinen Blick auf das hin, was diesen Alltag übersteigt. Und sie lässt mich alles, was ich erlebe, in einem neuen Licht erleben. Marcel Proust sagt einmal: „Die Sehnsucht lässt die Dinge erblühen." In der Sehnsucht leuchtet dann etwas auf, was meinem Leben Glanz verleiht; und dann kann ich auch in dem, was mich im Alltag umgibt, eine Verheißung erkennen.

Sehnsucht und Zufriedenheit sind zwei Pole, die zusammengehören. Sie kommen nicht nacheinander, sondern sie haben zeitgleich ihren Ort in meinem Leben. Weil meine Sehnsucht über diese Welt hinausgeht, kann ich zufrieden sein mit dem Alltäglichen. Ich gehe nicht auf darin. Die Zufriedenheit ist keine satte Selbstzufriedenheit, sondern ein Jasagen zur Durchschnittlichkeit meines Lebens. Ich höre auf, mein Leben durch meine Wünsche an das Leben zu überfordern. Ich kann Ja sagen zu meinem Leben, weil ich zugleich in mir eine Sehnsucht spüre, die alles Banale übersteigt. In dieser Sehnsucht berühre ich schon eine andere Wirklichkeit, da bin ich schon in der Spur dessen, was über meinen Alltag hinausführt.

Sehnsucht ist der Anfang von allem.

(Nelly Sachs)

SICH EINSETZEN IST AN DER ZEIT.
ABER AUCH MÜDESEIN IST ERLAUBT

Es ist gut, wenn wir nicht ständig um uns selbst kreisen, um unsere eigenen Bedürfnisse und Wünsche, sondern wenn wir uns für andere einsetzen. Das Engagement für andere ist Ausdruck christlicher Nächstenliebe. Aber ich kenne Menschen, die ständig ein schlechtes Gewissen haben, wenn sie etwas für sich selbst tun. Sie meinen, sie müssten immer für andere da sein. Aber wir sollten da auf unsere Seele hören. Solange es uns Freude bereitet, uns für andere einzusetzen, ist es stimmig, von sich selbst abzusehen und für die anderen da zu sein. Aber wenn wir uns ausgenutzt fühlen oder wenn wir gereizt reagieren oder wenn wir müde geworden sind in unserem Einsatz für andere, sollten wir auf die Signale unserer Seele hören. Es geht um einen gesunden Ausgleich von Sorge für andere und Selbstfürsorge.

Wenn wir müde geworden sind in unserem Engagement, so ist das möglicherweise eine Einladung, für uns zu sorgen und uns zu erholen. Wir sollten uns dann das holen, was wir gerade brauchen: eine Pause, etwas, was unsere Seele nährt, was uns Freude bereitet. Die Müdigkeit ist immer eine Einladung, für uns selbst zu sorgen. Aber die Müdigkeit kann auch noch etwas anderes bedeuten. Manchmal werden wir müde, weil etwas nicht stimmt. Ich werde z. B. in Gesprächen immer dann müde, wenn der andere nicht das anspricht, was ihn wirklich bewegt, sondern sich um das eigentliche Thema seiner Seele herumdrückt. Wenn wir in unserem Einsatz für andere müde werden, ist das daher eine Einladung, genauer hinzuschauen: Ist der Einsatz sinnvoll? Oder ist jetzt etwas anderes dran? Ist die Zeit für diese Art von Einsatz jetzt vorbei?

> Wenn wir müde geworden sind in unserem Engagement, so ist das möglicherweise eine Einladung, auch für uns selber zu sorgen und uns zu erholen.

Der hl. Benedikt verlangt vom Cellerar, dass er immer auf seine eigene Seele achtet. Er soll sich einsetzen für das Kloster, damit wirtschaftlich alles gut läuft. Er soll für die Brüder da sein, wenn sie Wünsche haben. Aber er soll immer auch auf seine eigene Seele achten. Die Seele sagt ihm, wenn er einmal Nein sagen muss, wenn er sich vom Einsatz für die anderen dispensieren soll, um wieder mit sich selbst in Berührung zu kommen. Dieser Grundsatz gilt für uns alle. Wenn wir auf unsere Seele horchen, dann wissen wir, wann es Zeit ist, sich für andere einzusetzen – und wann es für uns stimmt, der eigenen Müdigkeit nachzugeben. Wenn ich mich nach einem Einsatz für andere müde aufs Bett lege, kann ich die Schwere der Müdigkeit genießen. Und ich sage mir dann vor: Jetzt muss ich gar nichts tun. Wenn ich mir das eine Viertelstunde lang gönne, dann habe ich auch wieder Lust, mich neu einzusetzen für andere.

GLAUBEN HAT SEINE ZEIT.
UND AUCH ZWEIFEL HABEN IHR RECHT

Es gibt Zeiten, in denen der Glaube uns trägt. Wir vertrauen darauf, dass Gott da ist, dass er uns begleitet und uns hilft, unser Leben zu bewältigen. Doch dann gibt es wieder Zeiten, in denen der Zweifel stärker wird: Ist das alles nur Einbildung, was ich da glaube? Was heißt das denn: dass Gott existiert, dass Gott in Jesus Christus Mensch geworden ist und dass er uns durch ihn seinen Geist geschenkt hat? Vor allem wenn Leid uns trifft, tauchen Zweifel auf. Habe ich mir vielleicht etwas vorgemacht mit dem Glauben, dass Gott für mich sorgt, dass er auf meine Bitten hört? Warum hat er mich im Stich gelassen? Warum musste meine Mutter so früh sterben? Warum wurde mir mein Sohn durch einen Verkehrsunfall entrissen? Das kann doch nicht übereinstimmen mit dem liebenden Vater, der für mich sorgt.

Wenn Zeiten des Zweifelns über uns kommen, dürfen wir uns nicht unter Druck setzen: Du musst aber glauben. Wir sollen uns auch nicht selbst verurteilen, wenn wir zweifeln. Der Zweifel darf sein. Und es dürfen auch Zeiten in meinem Leben sein, in denen der Zweifel größer ist als der Glaube. Aber es geht darum, sich nicht auf den Zweifel festzulegen, sondern zu vertrauen, dass der Zweifel sich wieder in Glauben verwandeln wird. In den Zeiten des Zweifels sollte ich nicht einfach Abschied nehmen von meinem Glauben. Vielmehr kann ich den Zweifel gerade als Herausforderung nehmen, meinen Glauben neu zu formulieren: Was bedeutet der Glaube an die Auferstehung jetzt, in diesem Augenblick, da mir ein lieber Mensch durch den Tod entrissen wird? Was heißt es, dass die Liebe stärker ist als der Tod? Wer ist dieser Gott, von dem ich hoffe, dass er mich trägt? Wie erfahre ich jetzt diesen Gott, wo alles in mir dunkel geworden ist und ich keine Hoffnung in mir spüre?

> Der Zweifel bewahrt meinen Glauben davor, rechthaberisch zu werden.

Unser Leben gelingt nur, wenn wir immer wieder jeweils beiden Polen in uns Raum geben. Wenn wir einen Pol verdrängen oder unterdrücken wollen, dann gerät er in den Schatten. So sagt es der Psychologe C. G. Jung. Wenn ich den Zweifel unterdrücke, dann werde ich meinen Zweifel in alle hineinprojizieren, die nicht so glauben wie ich. Und ich werde sie bekämpfen. Denn sie verunsichern mich. Wenn der Zweifel nicht sein darf, dürfen auch die nicht sein, die meinen Glauben nicht teilen. Wenn ich aber meinen eigenen Zweifel zulasse, dann werde ich durch Menschen, die anders glauben, nicht verunsichert. Ich stelle mich dem Zweifel der anderen und dem eigenen Zweifel. Aber ich versinke nicht im Zweifel. Ich lasse mich vom Zweifel vielmehr immer wieder zum Glauben hindrängen. Ich lasse den Zweifel zu. Aber dann sage ich mir: Ja, man kann zweifeln, und ich spüre den Zweifel sehr stark in mir. Aber ich kann auch auf die Karte des Glaubens setzen. Dann erlebe ich mitten in den Zweifeln einen Glauben, der mich wirklich trägt, auch in Zeiten der Unsicherheit.

Oft existieren Glauben und Zweifel auch gleichzeitig. Dann gehört der Zweifel wesentlich zum Glauben. Denn er bewahrt meinen Glauben davor, rechthaberisch zu werden. Und er zwingt mich, meinen Glauben immer wieder zu hinterfragen. Wenn in mir Zweifel hochkommen, dass alles nur Einbildung sei, dann kann ich den Zweifel zu Ende denken. Ich lasse ihn zu, stelle mir vor, dass alles nur Einbildung sei. Doch ich kann mich angesichts des Zweifels für den Glauben entscheiden. Ich sage mir: Ich setze auf die Karte des Glaubens. Dann wage ich immer neu den Sprung in den Glauben. Aber der Glaube ist nie ein fester Besitz. Ich muss mich immer wieder für ihn entscheiden, immer wieder aus dem Zweifel in den Glauben springen.

ALLES HAT SEINE ZEIT:
LEBEN FEIERN UND STERBEN ANNEHMEN

Es ist etwas ganz Natürliches: Wer geboren wird, wird irgendwann sterben. Und auch wenn wir es oft anders empfinden: Der Tod ist keine Ausnahmewirklichkeit. „Wohl denen, die lebten, ehe sie starben", steht auf dem Grabstein der Dichterin Marie-Luise Kaschnitz in Bollschweil. Es ist eine alte Weisheit: Leben und Sterben gehören zusammen. Augustinus meint: Von der Geburt an sterben wir ständig, wir rücken ständig dem Tod näher. Aber Leben und Sterben gehören auch noch auf andere Weise zusammen. Nur wer sich seines Sterbens bewusst ist, wird intensiv leben. Der hl. Benedikt mahnt uns Mönche, uns den Tod ständig vor Augen zu halten. Wenn ich mit dem Tod rechne, lässt mich das ganz im Augenblick leben. Die Begrenztheit meines Lebens verleiht dem jetzigen Augenblick ein besonderes Gewicht. Es gibt nichts Wichtigeres, als jetzt in diesem Augenblick wirklich zu leben. Sich den Tod vor Augen zu halten ist für die Mönche eine Übung, um angstfrei zu leben. Vieles ist dann nicht mehr wichtig. Manchmal ist jedoch die Todesangst Ausdruck der Furcht, dass man noch gar nicht gelebt hat. Der Tod entwertet nicht das Leben, sondern gibt ihm seine Würde.

> Ungelebtes Leben kann man
> nicht loslassen.

Manchmal fallen Geburt und Tod zusammen. Da stirbt der Großvater, und einige Tage später kommt das Enkelkind zur Welt. Die Familie feiert beides: die Beerdigung des Großvaters und die Taufe des Enkelkindes. Oder man feiert voller Fröhlichkeit den 90. Geburtstag der Großmutter. Wenige Tage später stirbt sie. Sie wollte so gerne leben und war so stolz auf ihr hohes Alter. Doch plötzlich greift der Tod nach ihr.

Für meine Mutter, die mit 91 Jahren gestorben ist, war es immer klar: Sie wollte gerne leben. Sie genoss das Leben. Aber sie war auch bereit zu sterben. Für sie gehörte beides zum Menschen: Ja zu sagen zum Leben und bereit zu sein, loszulassen und zu sterben. Dennoch tut es immer weh, wenn ein lieber Mensch stirbt. Der Abschied schmerzt. Doch selbst von der Beerdigung kann man oft sagen: Es war eine schöne Beerdigung. Da wurde auf schöne Weise Abschied genommen. Und beim Leichenschmaus wurde nach den Tränen am Grab schon wieder gelacht. Man erzählte sich vom Leben der Verstorbenen. Und jedem fiel etwas anderes ein, was er mit ihr erlebt hat. Beim Tod eines Menschen wird sein Leben gefeiert. Und wir vertrauen darauf, dass der Verstorbene nun in die wahre Gestalt hinein verwandelt worden ist, die ihm Gott geschenkt hat und die während seines Lebens oft genug durch seine Schwächen verdunkelt war. Weil der Tod für uns Christen nicht einfach nur das Ende, sondern Vollendung ist, Verwandlung ins Eigentliche, deshalb können wir das Leben feiern, von dem wir immer wissen, dass es begrenzt ist. Aber diese Begrenzung macht uns keine Angst. Sie ist vielmehr eine Einladung, jetzt im Augenblick zu leben.

C. G. Jung meint, ab der Lebensmitte bleibe nur lebendig, wer zu sterben bereit sei. Wer nicht gelebt hat, dem fällt es schwer, sein Leben loszulassen. Denn ungelebtes Leben kann man nicht loslassen. Da hat man ständig den Eindruck, man müsste das Ungelebte nachholen. Von den Patriarchen der Bibel heißt es, dass sie „lebenssatt" gestorben sind. Wer wirklich gelebt hat, der kann sein Leben auch loslassen. Wir wissen nicht, wie unser Leben nach dem Tod sein wird. Unsere Hoffnung ist, dass es im Tod auf neue Weise verwandelt wird in etwas, das noch „kein Auge gesehen und kein Ohr gehört hat" (1 Kor 2,9).

> Nur wer sich seines Sterbens
> bewusst ist, wird intensiv leben.

2

Alles hat Bedeutung: Vom Alltag als Achtsamkeitsübung

Wir alle müssen unseren Alltag bewältigen. Die Frage ist, ob all diese Aufgaben, Notwendigkeiten, Pflichten und Zwänge mich beherrschen und einengen oder ob ich Herr der Umstände bin: ob ich lebe oder gelebt werde. Die Antwort darauf kann ich selber finden. Ich kann mich entscheiden. Dieser Alltag ist ja geprägt durch immer gleiche Vorgänge, die gleichsam zur Routine geworden sind: Wir werden vom Wecker geweckt, wir stehen auf, putzen die Zähne, waschen uns, ziehen uns an, frühstücken, fahren zur Arbeit. Diese Tätigkeiten können rein äußerlich bleiben. Wenn wir uns dazu entscheiden, sie achtsam zu vollziehen, werden sie zu einer guten Gewohnheit und zugleich zum Symbol für etwas Tieferes. Dann ist das Alltägliche nicht leer, sondern der Ort, an dem ich meine Liebe einübe und verwirkliche. Dann werde ich immer wieder auch im Alltag Begegnungen erfahren, die mich beglücken. Und auf einmal wird das Leere zur Fülle, das Banale zum Heiligen, und die Routine wird aufgebrochen für die Überraschungen, in denen das Unverfügbare der göttlichen Liebe in meinen Alltag einbricht. Karlfried Graf Dürckheim spricht in seinem Buch „Der Alltag als Übung" davon, wie einfache Tätigkeiten zur Einübung in das Wesen werden können: „Ein Brief soll in den Kasten, hundert Schritte entfernt. Hat man nur den Einwurf im Auge, dann sind die hundert Schritte vertan. Ist man als Mensch auf dem ‚Weg', vom Sinn des Menschseins erfüllt, dann kann man sich auf dem kürzesten Gang, geht man ihn nur in der rechten Haltung und Einstellung, in Ordnung bringen und vom Wesen her erneuern" (Dürckheim, Alltag 16). Es geht also darum, dass wir bei allem, was wir tun, offen werden für unser wahres Wesen, dass wir in Seinsfühlung sind: dass wir also das berühren, was in allem ist und doch alles transzendiert.

Wenn wir alle einfachen Tätigkeiten achtsam vollziehen, dann verlieren sie auch das Anstrengende. Wir sind dann ganz bei dem, was wir tun. Der buddhistische Mönch Doc The lehrte seine Schüler lauter einfache Sätze wie: „Gerade erwacht, wünsche ich mir, dass alle Menschen großes Gewahrsein erreichen und mit völliger Klarheit sehen mögen." Oder beim Händewaschen: „Meine Hände waschend wünsche ich mir, dass alle reine Hände zum Empfang der Wirklichkeit haben mögen." (Thich Nhat Hanh, Das Wunder der Achtsamkeit 14) Wenn wir ganz bewusst tun, was wir tun, erfahren wir demnach auch: Die Achtsamkeit öffnet uns für andere Menschen. Unser Tun ist verbunden mit einem Segenswunsch für die Menschen um uns herum. Wenn ich Ja sage zu meinem Alltag, auch in seiner Durchschnittlichkeit und Gewöhnlichkeit, und wenn ich bewusst das tue, was ansteht, dann übe ich darin nicht nur die Selbstlosigkeit und Hingabe, sondern auch die Treue ein: die Treue zu mir, zu den Menschen und zu Gott. Dann ist der Alltag für mich ein wichtiges spirituelles Übungsfeld.

EINE VERHEISSUNG –
DER RUF DES WECKERS

Für viele ist es eine Schrecksekunde, wenn der Wecker sie morgens aus dem Schlaf reißt. Sie denken: Ich bin noch so müde. Ich möchte weiterschlafen. Sie sehen den Wecker als Störenfried, ja als einen Feind. Doch wenn ich den Wecker als Feind ansehe, tue ich mir selbst keinen Gefallen. Ich werde den ersten Augenblick des Tages angenehmer erleben, wenn ich mir den Wecker zum Freund mache und seinen Ruf als Verheißung annehme.

Die deutsche Sprache verbindet „wecken" mit dem germanischen Wort „wekan" = „munter und frisch sein". Der Wecker will mich also erfrischen und munter machen. Die griechischen Philosophen sehen den Zustand des Menschen als einen Zustand des Schlafes. Der Mensch hat sich eingelullt in irgendwelche Illusionen vom Leben. Zum bewussten Leben gehört es, dass wir aufwachen, dass wir die Wirklichkeit so sehen, wie sie ist.

Das Aufwachen ist die Chance, neu anzufangen, das, was gleichsam in mir eingeschlafen ist oder was tot war in mir, wieder zum Leben zu wecken oder es zu stärken, wie Johannes in seinem Evangelium schreibt. Wir sagen manch-

> Wach endlich auf. Hab den
> Mut, die Welt so zu sehen,
> wie sie wirklich ist.

mal zu einem Menschen, der in Traumbildern oder Illusionen lebt: Wach endlich auf. Sieh die Dinge, wie sie sind. Leg deine rosarote Brille ab. Und hab Mut, die Welt wachen Auges anzuschauen.

Der indische Jesuit de Mello meint: Mystik ist Aufwachen zur Wirklichkeit. Jetzt sehen wir endlich die Dinge so, wie sie wirklich sind. Wir sehen sie im Licht Gottes und finden den Mut, auch das Negative in seiner Wirklichkeit anzuschauen. Denn auch das Negative und Böse können wir im Licht Gottes mit der Hoffnung anschauen, dass das Licht alle Dunkelheit überwinden wird.

Die griechischen Kirchenväter haben das Geheimnis der Auferstehung Jesu als „Auferweckung" verstanden. Gott hat seinen Sohn vom Tode zum Leben erweckt. Das Aufwachen durch den Wecker ist also auch immer eine Einladung, dem Geheimnis der Auferweckung Jesu nachzuspüren. Wir sollen vom Tod zum Leben aufwachen. Wir sollen mit wachen Augen auf den Tag schauen.

Die frühe Kirche kannte natürlich noch keine Weckuhr. Der eigentliche Wecker war der Hahnenschrei. Der lateinische Kirchenvater Ambrosius (um 339–397) hat das in einem Morgenhymnus schön beschrieben:

„Der Hahn, des Tages Herold ruft, / der Wächter in der Finsternis. / Sein Schrei trennt von der Nacht die Nacht, / dem Wanderer zur Nacht ein Licht."

Der Hahn hat für uns in der Nacht gewacht, um uns am Morgen aufzuwecken. Sein Weckruf ist für Ambrosius nicht störend, sondern die Verheißung, dass jetzt das Licht die Dunkelheit besiegt, dass wir neue Kraft in uns spüren. So heißt es einige Strophen weiter:

„Hoffnung erwacht beim Hahnenschrei, / und Lindrung strömt den Kranken zu. / Der Räuber lässt von seinem Tun, / Gefallene vertrauen neu."

In diesem Hymnus erkennen wir die Kunst der frühchristlichen Dichter, das natürliche Geschehen des morgendlichen Hahnenschreis als spirituelles Bild zu sehen. Der Hahn wird zum Bild für Christus, der für uns in der Nacht wacht, um uns aufzuwecken zu neuem Leben. Wenn ich den morgendlichen Wecker mit ähnlichen spirituellen Bildern verbinde, wie es Ambrosius in seinem Hymnus getan hat, dann werde ich leichten Herzens aufstehen. Es wird dann kein Kampf gegen die Müdigkeit sein. Indem ich mich gerne aufwecken lasse, werde ich neues Leben, Frische und Munterkeit in mir spüren. Wenn ich so aufwache, beginnt der Tag auf gute Weise – verheißungsvoll.

Augenblickliche Süße des Lebendigen,
womit die Wirklichkeit – noch kaum erwacht! –
den Traum übertrifft.

(Juan Ramon Jiménez)

AUFSTEHEN UND DAS LEBEN NICHT VERPASSEN

Jeder von uns steht am Morgen auf. Manchmal fragen wir morgens nach: „Bist du heute Morgen gut aufgestanden? Bist du gut aus dem Bett gekommen?" Damit deuten wir an, dass wir mit verschiedenen Gefühlen aufstehen können: mit guten oder mit schwermütigen. Das Aufstehen ist voller Symbolik. Im Christentum verbinden wir es mit dem Bild der Auferstehung Jesu. Jesus ist aus dem Grab auferstanden. Das Bild vom Grab ist ja auch Symbol für einen Zustand von Enttäuschung, von Erstarrung. Wir stehen also bewusst auf aus dem Grab unserer Resignation und aus dem Grab des Selbstmitleids. So können wir beim Aufstehen am Morgen daran denken, dass wir vom Schlaf aufstehen, um den Tag, um unser Leben in die Hand zu nehmen.

Das Grab ist auch Symbol für die Daseinsweise des Zuschauers. Aufstehen heißt daher immer auch, die passive Zuschauerrolle aufgeben und ins Leben hinein aufstehen. Der Zuschauer macht es sich bequem, er bleibt liegen – oder, in einem anderen Bild: Er bleibt im Sessel sitzen, schaut dem Leben zu. Aber er steht nicht auf, um Verantwortung für das Leben zu übernehmen. Er möchte ungeschoren davonkommen. Wer aufsteht, der riskiert auch etwas, der macht sich verletzbar. Aber er steht für sein eigenes Leben ein. Und nur wer aufsteht und sich auf den Weg macht, wird auch seine Träume wahr machen können. Wer aufsteht, der wird aktiv. Er packt etwas an. Er greift ins Leben ein. Von ihm kann etwas ausgehen.

Wir verwenden das Wort „aufstehen" aber auch noch anders. Ich stehe auf gegen manche Schreier, die die Gesellschaft mit aggressiven Parolen vergiften. Ich stehe auf gegen lebensverneinende Tendenzen unserer Gesellschaft, gegen die herrschende Meinung, gegen alle Hindernisse, die sich drohend in den Weg stellen, um uns vom Leben abzuhalten, das uns jeden Morgen einlädt und jeden neuen Tag auf uns wartet, hell und bunt.

Das, was wir jeden Tag oft unbewusst tun, sollten wir bewusster wahrnehmen. Wenn ich morgens aufstehe, mache ich mir bewusst: Ich stehe auf, ich gehe in den Tag hinein. Ich verlasse das bequeme Bett. Ich verlasse die passive Rol-

> Nur wer aufsteht und sich
> auf den Weg macht, kann seine
> Träume wahr machen.

le des Zuschauers. Ich mache mit im Spiel des Lebens. Ich nehme teil am Leben. Ich versäume es nicht. Ich stehe auf, um mich auf den Weg zu machen. Ich mache mich auf den Weg zu Gott. Mein Weg geht letztlich immer auf ihn zu. Aber ich stehe auch auf, um mich auf den Weg zu den Menschen zu machen. Ich gehe aufrecht und aufgerichtet durch den Tag, um auch Menschen in meiner Umgebung aufzurichten. Dann erahne ich bei jedem Aufstehen am Morgen etwas vom Geheimnis der Auferstehung, welche die Grundlage unseres ganzen Lebens ist.

ERFRISCHT IN DEN TAG: WASCHEN UND DUSCHEN

Wenn ich mich nach dem Aufstehen unter die Dusche stelle, genieße ich das warme Wasser, das an mir herunterläuft. Ich spüre den guten Duft des Duschgels, mit dem ich liebevoll meinen Leib einreibe, nehme die angenehme Empfindung wahr, bin dankbar, dass ich heute gesund aufgestanden bin. Ich gehe gut mit meinem Leib um, freue mich an ihm. Ich pflege ihn, ganz im Sinn der hl. Hildegard, die einmal gesagt hat, wir sollten so mit unserem Leib umgehen, dass unsere Seele gerne darin wohnen möchte. Und dann mache ich mir bewusst, was Reinigen bedeutet: Ich reinige nicht nur meinen Körper. Ich lasse auch alle trüben Gedanken abfließen. Wenn im Traum Bilder aufgetaucht sind, die mich erschrecken, kann ich sie entweder anschauen und zu verstehen versuchen, was sie mir sagen wollen; oder ich kann sie, wenn ich sie nicht verstehe, am Morgen einfach mit dem Wasser hinunterspülen. Ich wasche mich achtsam und spüre, dass ich mich frisch mache von der Müdigkeit der Nacht, dass ich dabei nicht nur körperlichen Schmutz abwasche, sondern alles, was mein wahres Selbst trübt. Ich befreie mich im Waschen von depressiven Gefühlen, von ärgerlichen Gedanken, von Sorgen, die mich bedrücken, von finsteren Gedanken, die mein Inneres verdunkeln, und von den Worten, mit denen andere mich verletzt haben. Ich wasche ab, was mich am Gerede anderer belastet, alle Nörgeleien der Unzufriedenheit, die an mir hängen bleiben. Ich wische alles weg, was mich innerlich wie äußerlich verunreinigt. Unter der Dusche kann ich nicht grübeln. Da werden auch meine Gedanken locker. Ich lasse mich vom fließenden Wasser auch entspannen, und ich habe das Gefühl, dass das Wasser, das an mir herunterläuft, mich in Berührung bringt mit der inneren Quelle meiner Seele. Aus dieser Quelle möchte ich heute schöpfen, wenn ich in die Arbeit gehe. Und ich darf hoffen, dass die Arbeit mich nicht erschöpfen wird. Am Beginn des neuen Tages steht also eine positive Erfahrung: von Frische, von neuer Energie.

Die äußere Reinigung kann zum Bild für die innere Reinigung werden, um die es auf dem geistlichen Weg geht. In allen Religionen gibt es Reinigungsrituale. Man reinigt sich von eigener Schuld oder von Verunreinigungen durch andere Menschen. Wenn ich das Reinigen so verstehe, erahne ich auch, was es heißt: ein reines Herz zu haben, ein Herz, das nicht getrübt ist von Neid und Missgunst, von Ärger und Rachegefühlen. Der Psalmist sieht im Waschen ein Reinwaschen von Schuld: „Wasch meine Schuld von mir ab, und mach mich rein von meiner Sünde! ... Wasche mich, dann werde ich weißer als Schnee" (Ps 51,4.9b). Ich kann mich nicht selbst reinwaschen von Schuld. Aber ich kann das Duschen gleichsam wie ein Tun Gottes an mir erleben:

Am Anfang eines Tages steht die Erfahrung von neuer Energie.

Gott selbst ist es, der mich reinwäscht von aller Schuld. Ich muss nicht mit einem schlechten Gewissen in den Tag hineingehen. Gott hat mich von aller Schuld und von allen Selbstvorwürfen und Schuldgefühlen befreit.

Das morgendliche Duschen oder Waschen kann zugleich zu einem Symbol für etwas Tieferes werden: zu einem bewussten Ritual. Das einfache Tun wird zu etwas Besonderem: Ich bin gleichsam neugeboren. So haben es die ersten Christen im Taufbad erfahren. Jedes Waschen kann uns an das Taufbad erinnern, in dem wir von allen Bildern gereinigt wurden, die das einmalige Bild Gottes in uns getrübt haben, von den Erwartungen anderer und von den Bildern, die wir uns selbst übergestülpt haben. So kommen wir bei jedem Waschen in Berührung mit dem einmaligen Bild Gottes in uns, und sein ursprünglicher Glanz kann in uns aufstrahlen.

Jeder Tag der erste Tag.
Jeder Tag ein Leben.

(Dag Hammarskjöld)

MEHR ALS GEWOHNHEIT UND HYGIENE: ZÄHNE PUTZEN

Jeder macht morgens seine Morgentoilette und putzt sich die Zähne. Das kann zur leeren Routine werden. Aber wenn wir es achtsam vollziehen, steckt auch darin viel mehr. Es bleibt zwar in jedem Fall auch eine Sache der Gesundheitsvorsorge, die wir seit der Kindheit eingeübt haben. Doch wenn ich achtsam meine Zähne putze, gehe ich liebevoll mit meinem Mund um. Ich bin dankbar, dass ich gesunde Zähne habe, dass ich beißen kann, dass ich essen und trinken, dass ich mit dem Mund wunderbaren Geschmack wahrnehmen und dass ich sprechen kann. Und ich sehe beim Zähneputzen in den Spiegel, nehme mich wahr, wie ich bin: Ich sage Ja zu mir, schon am Morgen.

Ich kann mir zudem noch etwas bewusst machen: Die Zähne sind im Traum oft Symbol dafür, dass ich mich abgrenze, klare Grenzen setze. So kann ich mir schon beim Zähneputzen vorstellen, wo ich mich heute klar abgrenzen sollte.

Zähne stehen auch für Aggression. Ich kann mich also fragen: Wo sollte ich eigentlich „zubeißen", also etwas angreifen? Wo müsste ich endlich anfangen, etwas anzupacken? Oder auch: Wo könnte ich mich etwa dagegen wehren, ausgenutzt zu werden?

Und mit den Zähnen sprechen wir. Das Reinigen der Zähne kann so auch zum Symbol dafür werden, meine Worte heute zu reinigen. Ich kann mir bewusst machen, dass ich heute reine Worte sprechen möchte, Worte ohne Nebenabsichten. Das meint: Ich spreche das aus, was mir mein Herz sagt. Ich benutze meine Worte nicht, um den anderen zu verletzen oder um Macht über ihn auszuüben. Und ich benutze die Worte nicht, um mich gut darzustellen und mich über andere zu stellen. Ich stimme mich also beim Zähneputzen darauf ein, an diesem Tag gute Worte zu sprechen, Worte, die andere ermutigen und aufrichten, Worte, die Hoffnung und Zuversicht vermitteln, Worte, die etwas klären, Worte der Versöhnung, die verbinden, Worte der Liebe, die verwandeln, und Worte, die heilen, statt zu verletzen.

Wenn ich das auf diese Weise einübe, dann ist das also viel mehr als nur eine Sache der Hygiene. Ich gehe jetzt bewusster und achtsamer in den Tag. Und das kann viel verwandeln, für mich und für meine Umgebung.

Jeden Morgen kann ich mich fragen: Wo sollte ich endlich anfangen, etwas anzupacken?

ANZIEHEN ALS EIN BEWUSSTER AKT

Die ethnologische Forschung sagt uns, dass das Bedürfnis, sich anzuziehen, nicht in erster Linie durch die Kälte bedingt ist, vor der man sich schützen möchte, und auch nicht durch die Scham, seine Geschlechtsorgane zu verhüllen. Der eigentliche Grund, warum wir uns am Morgen Kleider anziehen, ist das Schmuckbedürfnis. Wir ziehen uns bewusst schön und geschmackvoll an und wählen die Kleider aus, die uns stehen und die unsere je eigene Schönheit zur Geltung bringen.

Daher ist es gut, sich beim Anziehen bewusst zu werden: Ich bin dankbar für meinen Leib, den mir Gott geschenkt hat. Ich bin schön, wenn ich mich selbst liebevoll anschaue. Denn „schön" kommt von „schauen". Und ich darf die Schönheit, die Gott mir geschenkt hat, durch meine Kleidung zum Ausdruck bringen. Durch die Schönheit werden Menschen auf mich aufmerksam. So kann ich ihnen auch in guter Weise und mit Selbstvertrauen begegnen. Ich freue mich auf die Begegnung, wenn ich um meine eigene Schönheit weiß. Und Schönheit wirkt heilsam auf die Menschen. Schönheit erfreut. In der Tiefe gesehen, ziehe ich mich bewusst so an, dass ich als Person in dem ursprünglichen Glanz erscheine, den Gott mir zugedacht hat.

Manche stehen am Morgen lange vor dem Kleiderschrank und überlegen, was wohl für die Arbeit passt oder was für die Begegnungen mit anderen Menschen richtig sein könnte. Manche denken dann auch sofort daran, wie wohl die anderen ihr Outfit finden werden. Damit machen sie sich abhängig vom Urteil der anderen. Doch beim Anziehen sollten wir ganz bei uns sein. Als Mönche haben wir es da einfach. Wir ziehen immer das gleiche Gewand an: den Habit, den Gürtel und das Skapulier. Früher haben die Mönche beim Anlegen jedes Kleidungsstückes ein eigenes Gebet gesprochen. Dahinter stand das Gefühl, dass das Anziehen eine tiefere Bedeutung hat. Paulus spricht davon, dass wir in der Taufe Christus als Gewand angelegt haben (Gal 3,27). Und der Epheserbrief mahnt uns: „Zieht den neuen Menschen an, der nach dem Bild Gottes geschaffen ist in wahrer Gerechtigkeit und Heiligkeit" (Eph 4,24). An all das können wir denken, wenn wir uns anziehen. Wir ziehen nicht nur schöne Kleider an, sondern wir ziehen Christus als das eigentliche Gewand an, das unsere wahre Schönheit zum Leuchten bringt. Und wir werden durch die Kleidung zu neuen Menschen. Biblisch gesprochen: Wir ziehen an das Gewand des Heiles, das Gewand der Gnade, das Gewand der Liebe Gottes, die unseren Leib heute umhüllen und schützen möge. Eine Vorstellung, die den ganzen Tag in ein anderes Licht stellen könnte.

> Ich sollte ganz bei mir sein.
> Und mein Inneres zum Leuchten
> bringen.

FRÜHSTÜCK –
MIT ALLER RUHE IN DEN TAG

Die Art und Weise, wie Menschen frühstücken, ist sehr verschieden. Die einen sind in Gedanken schon bei der Arbeit. Sie schlingen in aller Eile ein Brot herunter, und stehend trinken sie vielleicht noch eine Tasse Kaffee. Dann ist das Frühstück höchstens eine Sättigungszeit. Genuss ist es jedenfalls keiner, wenn man morgens in Hetze isst und schon jetzt alles schnell gehen muss.

Andere dagegen betrachten das Frühstück als heilige Zeit. Sie nehmen sich dafür Zeit, allein oder mit der Familie oder nur mit dem Ehepartner. Sie beginnen das Frühstück mit einem gemeinsamen Gebet, bei dem sie auch um den Segen für den heutigen Tag bitten. Sie genießen es, dass der Morgen so anfängt, und lassen sich dabei auch nicht stören. Es ist Zeit, die ihnen gehört und die sie entsprechend gestalten. Manche lassen jetzt muntere Musik leise laufen und fühlen sich von ihr beschwingt. Oder sie vertiefen sich erst einmal in die Neuigkeiten der Zeitung. Oder sie genießen das Gespräch am Morgen. Sie besprechen den kommenden Tag, ihre Hoffnungen, ihre Sorgen, aber auch ihre Ängste. Sie haben erfahren: Wenn alle Gefühle ausgesprochen werden, kann man getrost den Tag beginnen.

Ob Zeitunglesen, Musik oder Auswahl des Essens: Viele haben beim Frühstück ihre festen Rituale. Die meisten essen immer das Gleiche, sei es Müsli, sei es eine Semmel mit Marmelade oder Käse. Wenn das Frühstück immer gleich abläuft, dann braucht man nicht lange zu überlegen, was auf den Tisch sollte. Ein gutes Ritual spart Energie am Morgen. Und wenn das Frühstück jeden Tag gleich ist, dann freut man sich besonders, wenn es am Samstag oder Sonntag in etwas anderer Weise gestaltet wird, wenn man sich da länger Zeit lässt.

> Wer sich morgens Zeit lässt,
> für den fängt der Tag schon
> anders an.

Auch wer allein frühstückt kann diese Zeit ganz bewusst zelebrieren, kann das Brot verkosten, die frische Semmel bewusst kauen und den Geschmack genießen. Wenn ich mir beim Frühstück Zeit lasse, dann fängt der Tag schon anders an. Dann fahre ich auch entspannt zur Arbeit. Die erste Stunde des Tages war dann bereits eine heilige Zeit. Sie gibt mir das ein Gefühl von Freiheit, wenn ich mich in der Folge auf die Arbeit einlasse, in der viele fremde Wünsche und Ansprüche an mich herangetragen werden. Das bewusste Frühstück schützt mich davor, mich später wie im Hamsterrad zu fühlen. Jeder Tag beginnt dann mit der Zeit, die ich mir gönne, in der ich bewusst und dankbar die guten Gaben genieße, die mir Gott täglich schenkt. Den Anfang bewusst genießen und dem neuen Tag das Vorzeichen der Ruhe geben, sich Zeit lassen und Zeit gönnen: Das gibt dem Start in den Tag eine besondere Bedeutung.

ZEITUNGSLEKTÜRE EINMAL ANDERS

Für mich – wie für viele andere auch – ist das Zeitunglesen ein Ritual. Es gehört zu meinem Tagesablauf. Ich schaue normalerweise nie fern. Aber ich informiere mich, indem ich am Morgen die Zeitung lese. Allerdings kann man auch das auf ganz verschiedene Weise tun.

Natürlich nehme ich, wenn ich eine Zeitung zur Hand nehme, die Neuigkeiten zur Kenntnis. Aber ich vertiefe mich auch in die Hintergrundinformationen. Und ich halte immer wieder inne. Ich will nicht meine Neugier befriedigen, sondern ich denke bei der Lektüre an die Menschen, von denen ich lese. Ich bete für sie. Ich bete für die Politiker, die unter dem Druck notwendiger Entscheidungen stehen, die immer wieder unter Beschuss geraten und der Öffentlichkeit gegenüber nichts recht machen können. Ich bete für die, die Opfer von Gewalt oder Terror geworden sind. Ich bete für die Menschen, die selbst zu Tätern geworden sind: dass sie mit ihrer inneren Wahrheit in Berührung kommen und sich lösen können von dem brutalen Handeln, mit dem sie sich auch selbst schaden. Und ich bete für das Land, über das ein Beitrag kritisch berichtet, das ohne Hoffnungsperspektive zu sein scheint. Lesen setzt uns in Beziehung zur Wirklichkeit. So verbindet mich das Zeitunglesen mit der Welt, mit den Menschen. Ich fühle mich dabei verbunden mit den Menschen in aller Welt. Und ich versuche, meinen Beitrag der Hoffnung zu leisten, indem ich all die Probleme, von denen ich lese, Gott hinhalte. Was ich in der Zeitung gelesen habe, das nehme ich dann mit ins Chorgebet. Die Psalmen drücken in ihren alten Bildern aus, was mir die aktuelle Zeitung von den Menschen erzählt hat. Und indem ich das Leben der Menschen heute vor Gott zur Sprache bringe, habe ich Hoffnung, dass Verwandlung in dieser Welt geschieht.

Ich kenne natürlich auch die andere Weise des Zeitungslesens: dass ich nur meine Neugier befriedige und nur schnell das Neueste wissen möchte. Doch wenn ich mich dabei ertappe, dann spüre ich, dass mir diese Art zu lesen nicht guttut. Dann kehre ich zurück zu meinem Durchbeten der Zeitung. Dann wird die Zeitungslektüre für mich zu einem spirituellen Ort, zu einem Ort, an dem ich die Verantwortung für diese Welt spüre und an dem ich zugleich meine Ohnmacht spüre, alle Probleme dieser Welt zu lösen. Aber ich reagiere nicht resigniert, sondern positiv: indem ich alles, was mir an Not begegnet, Gott hinhalte und darauf vertraue, dass sein Segen Wandlung bewirken kann in dieser Welt.

> Ich kann alles Gott hinhalten –
> in der Hoffnung, dass Verwand-
> lung in der Welt geschieht.

GELASSEN AUF DEM WEG ZUR ARBEIT

Arbeit bestimmt den Alltag der meisten von uns. Nicht immer sind es nur positive Gefühle, die wir damit verbinden. Wie wir uns darauf einstellen, das liegt aber auch an uns selbst. Sich nicht unter Druck setzen, sich frei machen von Befürchtungen – das fängt schon auf dem Weg zum Arbeitsplatz an. Wer sich mit Gelassenheit und Achtsamkeit auf den Weg macht, hat viel gewonnen.

Den Weg zur Arbeit kann ich sehr verschieden gestalten. Wenn ich mit dem Auto fahre, kann ich jedes Mal einen neuen Rekord aufstellen, um möglichst schnell zur Arbeit zu kommen. Aber das ist nicht nur anstrengend, es stößt auch bald an eine Grenze. Ich kann aber den Weg zur Arbeit auch genießen und ihn als Vorausmeditation nutzen: Ich stelle mir dann vor, was mich in der Arbeit erwartet, welchen Menschen ich heute begegnen werde, welche Gespräche auf mich zukommen. Ich grüble aber nicht nach, wie es wird. Vielmehr stelle ich alles, was mir einfällt, unter den Segen Gottes. Ich bitte Gott um Segen, dass meine Arbeit gelingt, dass das Gespräch gut wird, auf das ich mich vorbereitet habe, dass der Kunde offen ist, mit dem ich zu tun habe, und dass ich immer in meiner Mitte bleiben und allen freundlich begegnen kann.

Wenn ich mit dem Auto fahre, kann ich unterwegs gute Musik hören. Wenn ich mit dem Zug fahre, nehme ich vielleicht ein Buch mit und freue mich, jeden Tag während der Zeit der Zugfahrt lesen zu können und dabei in eine andere Welt einzutauchen. Die Zeit der Fahrt gehört mir. Es ist meine heilige Zeit, die mir niemand nehmen kann.

Der hl. Benedikt verlangt vom Cellerar, dass er immer auf seine Seele achten soll. Das bedeutet für mich auch: Ich bin dafür verantwortlich, mit welchen Gefühlen und inneren Einstellungen ich in die Arbeit gehe. Es kann sein, dass ich an einem bestimmten Tag nicht gerne in die Arbeit gehe, weil so viel mich erwartet, weil problematische Sitzungen anstehen. Dann legt sich das oft wie ein Stein auf die Brust. Auf die Seele achten heißt dann: Ich nehme diese Gefühle wahr, aber ich halte sie Gott hin und bitte ihn, dass er diese Gefühle verwandeln möge. Seine Liebe soll in meinen Ärger, in meine Angst, in meinen Unmut hineinströmen und mich mit Frieden und Freude erfüllen. Ich bitte ihn, dass er bei all den unangenehmen Dinge, die auf mich zukommen, immer bei mir ist und dass er mich mit Freundlichkeit und Fröhlichkeit erfüllen möge. Wenn ich aus dieser Haltung heraus dann mit einem freundlichen Lächeln meine Arbeitsstelle betrete, wird der Tag schon anders beginnen.

Wer sich achtsam auf den Weg macht, hat schon viel gewonnen.

AUTOFAHREN ALS
SPIRITUELLES ÜBUNGSFELD

Beim Autofahren kann man den Charakter eines Menschen kennenlernen. Die einen fahren ganz ruhig, die anderen aggressiv oder nervös. Wenn ich bei meinen vielen Autofahrten zu den Vorträgen das Verhalten mancher Autofahrer beobachte, merke ich immer wieder, wie sehr einige Menschen beim Autofahren ihre unterdrückten Aggressionen ausagieren. Andere dagegen sind freundlich, sie lassen einem die Vorfahrt.

Ich bin überzeugt: Auch das Autofahren kann zu einem Ort geistlicher Erfahrung werden. Es ist Ausdruck unserer Seele und kann auch – so wie alles, was wir tun – zu einem Übungsfeld werden. Graf Dürckheim drückt es so aus: Der Leib ist ein Barometer, der mir zeigt, was in mir ist, ob in mir Ruhe oder Unruhe ist, Gelassenheit oder Verkrampfung. Aber der Leib ist zugleich ein Instrument der Verwandlung. Indem ich bewusst im Leib eine andere Haltung einnehme, kann sich in mir etwas verwandeln. Indem ich bewusst ruhiger atme, kann auch meine Seele sich beruhigen. Ähnlich ist es beim Autofahren. Wir können uns selbst kennenlernen, wenn wir Auto fahren: Was drückt sich da in mir aus? Lerne ich da meine Ungeduld kennen? Oder setze ich mich unter Druck, möglichst schnell ans Ziel zu kommen? Wie reagiere ich auf die anderen Autofahrer, wenn sie zu langsam sind, weil sie sich nicht auskennen, oder wenn sie plötzlich überholen, ohne den Blinker zu setzen? In solchen Situationen lerne ich meine Seele kennen. Da drückt sich meine Gelassenheit aus – oder aber meine Ungeduld, meine Reizbarkeit.

Aber zugleich kann ich das Autofahren auch als spirituelles Übungsfeld sehen. Ich kann mich auf mein Fahren konzentrieren, ohne das Fahren der anderen zu beurteilen. Ich kann bewusst Geduld einüben, wenn ich in einen Stau gerate. Ich kann gelassen reagieren, wenn schon wieder eine Baustelle kommt. Die ersten Reaktionen von Ungeduld, von Ärger, von Gereiztheit kann ich nicht verhindern. Aber ich kann auf meine spontanen Gefühle reagieren, mich bewusst vom Ärger und von der Ungeduld distanzieren. Ich kann versuchen, ganz im Augenblick zu sein und gelassen einfach nur wahrzunehmen, was sich da um mich herum abspielt.

> Gerade beim Autofahren gibt es Augenblicke, in denen ich meine Seele kennenlerne.

Für mich selber ist das Autofahren noch in anderer Hinsicht Ort meiner Alltagsspiritualität. Ich höre im Auto gerne klassische, vor allem geistliche Musik und kann mich so während des Autofahrens mit dem Geheimnis meines Glaubens beschäftigen, mit dem Geheimnis der Worte, wie sie im Gloria oder im Credo oder im Benedictus oder im Agnus Dei für mich aufklingen. Oder ich höre mich genau hinein in die Interpretation biblischer Texte, wie sie Johann Sebastian Bach in seinen Kantaten hörbar macht. Wenn ich mich auf die Musik freue, die ich im Auto hören kann, dann verliert die Fahrt das Anstrengende. Sie wird zum Ort von Leichtigkeit und Freude.

Beim Autofahren genieße ich aber auch die Landschaft, durch die ich fahre. Ich fahre bewusst früher weg, damit ich genügend Luft habe, während der Fahrt diese Schönheit auch wirklich wahrzunehmen. Dann stehe ich nicht unter dem permanenten Druck des Pünktlich-ankommen-Müssens. Und sollte tatsächlich einmal ein Stau dazwischenkommen, macht er mich nicht nervös. Wenn ich dann nachts heimfahre, genieße ich zuerst einmal das Schweigen im Auto. Ich lasse die Eindrücke, die ich beim Vortrag und in der Begegnung mit Menschen in mich aufgenommen habe, weiter wirken und danke Gott für das, was geschehen ist. Dann ist die nächtliche Fahrt für mich auch ein Ort geistlicher Erfahrung.

Auch hier gilt also: Wir können unser Leben selbst bestimmen, und jeder, der Auto fährt, kann das auf verschiedene Weise tun: Er kann sich ständig unter Druck setzen – oder er kann beim Fahren die Ruhe genießen oder die Schönheit der Landschaft. Er kann bei sich selbst ankommen, während er unterwegs ist. Er kann sich sogar beim Autofahren in wesentliche Haltungen einüben und die Zeit am Steuer als spirituelle Übung verstehen.

EINEN RAUM BETRETEN
UND ÜBERGÄNGE ACHTEN

Viele haben es morgens sehr eilig, wenn es zur Arbeit
geht. Kaum sind sie angekommen, reißen sie die Tür auf
– und nehmen den Übergang vom Weg in den Raum gar
nicht wahr. Früher gab es Schwellenrituale. Da war es nicht
selbstverständlich, die Schwelle zu überschreiten, die in einen neuen Raum hineinführt. Das Gespür für die heilige
Schwelle ist oft noch in Kirchen vorhanden. Man nimmt
den Hut ab, wenn man die Kirche betritt, und man bekreuzigt sich mit Weihwasser. Wenn ein Muslim die Moschee
betritt, zieht er die Schuhe aus, um zu würdigen, dass er
einen heiligen Raum betritt. Früher hatten viele Katholi-
ken an der Haustüre ein Weihwasserbecken. Ich kann mich
noch daran erinnern, dass, als ich ein Kind war, neben unserer Haustür so ein Weihwasserbecken hing. Wenn wir aus
dem Haus gegangen sind, haben wir uns mit Weihwasser
bekreuzigt. Und wenn wir nach Hause kamen, haben wir
das Gleiche gemacht

Dieses Ritual hatte durchaus seine Bedeutung. Wenn
ich nach außen gehe, nehme ich Weihwasser, um mich zu
schützen. Die Liebe, die ich im Kreuzzeichen in meinen
Leib strömen lasse, soll mich auch draußen in der Stadt
oder bei der Arbeit begleiten und schützen. Und wenn ich
nach Hause komme, reinige ich mich durch das Weihwasser
von allen Trübungen, von allen negativen Gedanken und
Emotionen, die mir draußen begegnet sind und die in mich

eingedrungen sind. Die Alten hatten noch einen Sinn für die Türschwelle als Symbol des Übergangs von einem Ort zum andern und von einem Zustand in einen anderen.

Wenn ich zu Vorträgen eingeladen bin, spreche ich meist in Kirchen, in Hallen oder in Sälen, die ich noch nicht kenne. Wenn ich dann dort ankomme, etwa bei einer Kirche, betrete ich sie ganz bewusst und lasse sie auf mich wirken. Ich frage mich, welche Theologie wohl hinter dieser Kirche steht und welche Erfahrungen die Menschen in diesem Raum gemacht haben. Und auch wenn ich in einen Saal komme, versuche ich zunächst die Atmosphäre zu erspüren. Dann kann ich mich auch auf alles, was hier an Begegnung geschehen wird, einstellen.

> Segen möge diesen Raum erfüllen,
> den ich jetzt betrete.

Auch im normalen Alltag gilt: Wenn wir etwa in einer Behörde ein Zimmer betreten, klopfen wir vorher an. Wir melden uns an, damit der andere sich auf uns vorbereiten kann. Dann öffnen wir behutsam die Tür und bitten, dass wir eintreten können. Wir nehmen dann erst einmal den Raum wahr, spüren instinktiv, ob wir uns darin wohlfühlen können. Und wir nehmen natürlich auch die Person wahr, die uns empfängt. Für mich persönlich ist es wichtig, dass ich ganz bewusst in den Raum gehe. Ich versuche, ganz bei mir zu sein, damit ich mich nicht von der Atmosphäre des fremden Raumes oder von der Stimmung der anderen Person, die ich antreffe, bestimmen lasse. Und dann versuche ich, mich auf die mich empfangende Person einzustellen. Ich grüße sie freundlich. Ich traue ihr zu, dass sie auch freundlich ist. Ich glaube an den guten Kern in ihr, auch wenn der im ersten Augenblick vielleicht noch nicht so sichtbar wird.

In der Zeit, als ich als Cellerar die wirtschaftliche Verantwortung für unser Kloster hatte, habe ich oft erlebt, dass Mitarbeiter oder Mitbrüder bei mir angeklopft und mein Büro betreten haben. Da hat einer schon so laut an die Tür gepocht, dass ich schon ahnte, dass sich jemand wieder über etwas oder jemanden aufregen und darüber schimpfen wird. Andere kamen eher vorsichtig herein und fragten, ob sie stören dürften. Manche machten sich breit, als ob es ihr Raum wäre. Wieder andere ließen sich gerne einladen, sich an den runden Tisch zu sitzen. Sie fühlten sich als Gast auf- und angenommen. Zu merken, wie unterschiedlich Menschen einen Raum betreten können, hat mich auch sensibler dafür gemacht, wie ich selber einen Raum betrete.

Wir könnten auch hier unser eigenes Schwellenritual entwickeln. Ich könnte bewusst die Türe öffnen und ein stilles Segensgebet sprechen, dass Gottes Segen diesen Raum erfüllen möge, den ich jetzt betrete. Oder ich kann bewusst den Raum wahrnehmen, den ich jetzt betrete, und Gott darum bitten, dass er alles, was in diesem Raum heute geschieht, segnen möge. Dann werde ich mit meinen Gedanken nicht den Problemen daheim nachhängen, sondern mich ganz auf den Raum und auf das, was im Raum geschieht, einlassen.

DIE ARBEIT BEGINNEN – NICHT HINEINSTOLPERN

Aller Anfang ist schwer, heißt es. Aber Anfangen, das ist immer wieder auch Chance für Neues. Manche Menschen kommen morgens in ihr Büro und wissen nicht, wo und wie sie anfangen sollen. Sie schauen sich erst einmal verschiedene Akten an, die auf ihrem Schreibtisch liegen. Oder sie machen den Computer an, um die Mails abzurufen, die sich angesammelt haben. Dann lassen sie sich von deren Beantwortung in Bann ziehen. Sie lassen sich einfach von dem treiben, was sie da erwartet. Und oft sind sie dann schon mitten im Hamsterrad, das sich wie von selber dreht. Sie werden von außen gesteuert und reagieren nur auf das, was gerade anfällt. Weil sie einfach hineinstolpern und keinen richtigen Anfang setzen, gelingt die Arbeit dann oft auch nicht.

Da wäre es gut, mit einem kleinen Ritual die Arbeit zu beginnen. Das kann schon damit anfangen, darauf zu achten, wie ich die Türe zu meinem Büro oder meinem Arbeitsplatz öffne. Ich kann das mechanisch machen – oder ich kann es achtsam tun. Das kann sogar ganz bewusst zu einem Ritual werden und eine spirituelle Tiefe bekommen: Ich verbinde das Öffnen meiner Tür mit einer Bitte, dass Gott heute meine Arbeit segnen möge. Und wenn ich mein Büro betrete, kann ich darum bitten, dass alles, was ich heute in die Hand nehme, gelingen möge.

Normalerweise komme ich außerdem nicht allein in die Arbeit. Es gibt Arbeitskollegen, Männer und Frauen in anderen Büros oder Mitarbeiter in der Werkstatt. Auch da ist die Frage, wie ich diesen Menschen am Beginn eines Arbeitstages begegne. Viele sind am Morgen nur auf sich selbst fixiert. Sie nehmen andere gar nicht wahr. Wie wäre es, sich bewusst auf die Kollegen zu freuen, sich vielleicht schon auf dem Weg zur Arbeit zu überlegen, wen ich heute treffen werde, und sich positiv darauf einzustellen? Ich kann eine gute Atmosphäre in meine Arbeitswelt allein schon dadurch hineinbringen, dass ich meine Mitarbeiter und Mitarbeiterinnen mit einem freundlichen Lächeln begrüße. Das ist kein Aufwand, kostet wenig Zeit – aber der Tag beginnt anders. Und es tut mir im Übrigen auch mir selbst gut, wenn ich auf meinen freundlichen Gruß eine ebensolche Resonanz bekomme. Ich bin verantwortlich für die Stimmung, die ich um mich herum erzeuge, nicht einfach nur Opfer der Situation in meinem Betrieb. Ich selbst kann die Atmosphäre positiv beeinflussen und mitgestalten.

> Aller Anfang kann schöpferisch werden – mit einem kleinen Ritual.

Sicher: Ich kann nicht die ganze Firma verändern. Aber dort, wo ich arbeite, schaffe ich immer auch eine kleine Welt um mich herum. Viele gehen mit einer inneren Spannung in die Arbeit. Sie stellen sich vor: Wie ist der Chef heute wohl gelaunt? In welcher Stimmung kommen meine Mitarbeiter? Wenn ich mit solchen Erwartungen beginne, mache ich mich von der Stimmung anderer abhängig. Es ist eine Haltung der Passivität. Ich sollte aber aktiv an die Arbeit und in die Begegnung mit anderen gehen. Ich kann durch meine Art, mit anderen gut umzugehen, auch eine gute Stimmung um mich herum verbreiten. Die ist von niemand anderem abhängig. Das Gefühl, die Situation selbst mitgestalten zu können, gibt mir schon am Morgen Energie. Wenn ich dagegen bereits in einer Opferhaltung in die Arbeit komme, habe ich schnell das Gefühl: Alle wollen etwas von mir. Es ist alles zu viel. Die Arbeit macht keinen Spaß. Ich muss sie halt machen, um Geld zu verdienen. Mit solchen Gedanken lähme ich mich selbst. Wer dagegen einen aktiven Anfang setzt, wer sich mit freundlichen Gefühlen für die anderen selbst zu motivieren versteht, erfährt: Der Anfang kann schöpferisch werden und der Tag vielversprechend.

Um zu wissen, was man zeichnen will,
muss man zu zeichnen anfangen.

(Pablo Picasso)

AN EINER SACHE BLEIBEN –
AUFSCHIEBEN GILT NICHT

Nicht alles, was wir im Alltag zu tun haben, ist uns sympathisch. Ich nehme mir vor, den Schreibtisch aufzuräumen oder endlich die Steuererklärung anzugehen. Doch immer gibt es Wichtigeres zu tun. Ich sollte einen Konflikt klären, aber denke mir dann: Der löst sich vielleicht von alleine. Wir neigen dazu, Unangenehmes vor uns herzuschieben. Doch je mehr einer etwas vor sich herschiebt, desto mehr Macht bekommt es über ihn. Unerledigtes lähmt uns, raubt uns Energie, die wir brauchen, um uns auf die anderen Dinge einzulassen.

Als mich einer einmal darauf ansprach und fragte, wie er diese „Aufschieberitis" überwinden könne, habe ihm empfohlen, die folgenden drei Regeln für sich zu prüfen und anzuwenden:

Die erste Regel: Erledige das, was dir am meisten zu schaffen macht, sofort. Wenn ich mich aufraffe, das unangenehme Telefongespräch sofort zu führen, und wenn ich vor dem Gespräch innehalte und Segen dafür erbitte, dann werde ich oft erleben, wie gut das Gespräch gelingt. Und dann gelingt auch der ganze Tag besser. Wenn ich es aber aufschiebe, dann sind alle meine anderen Aktivitäten immer von diesem aufgeschobenen Gespräch beeinträchtigt. Es hängt wie ein Damoklesschwert über mir, und ich habe ständig Angst, es könne auf mich niederfallen.

Die zweite Regel: Halte kurz inne und frage dich: Was ist da so unangenehm an dieser Sache? Brauche ich noch Hilfe? Oder ist es meine Unsicherheit über die Reaktion der anderen? Indem ich das Unangenehme, das ich aufschiebe, analysiere, werde ich mit ihm vertraut. Und ich starre nicht mehr auf den Berg des vor mir Liegenden, sondern ich greife mir die einzelnen Dinge heraus. Dann kann ich mich besser wappnen für das, was ich tun möchte. Indem ich das Problem in Einzelteile zerlege, wird es kleiner und überschaubarer.

> Lass dich nicht von Bedenken fesseln, und du wirst sehen: Es geht.

Die dritte Regel: Nimm deinen Widerstand wahr. Aber dann motiviere dich und pack das, was du angehst, mit Hoffnung und Zuversicht an. Achte nicht auf all die Gründe, die dagegen sprechen, jetzt dieses Gespräch zu führen. Mir selber hilft es in einer solchen Situation, mir das Wort Jesu vorzusagen: „Steh auf, nimm dein Bett und geh!" Nimm all deine Bedenken, deine Widerstände, deine unguten Gefühle wie ein Bett unter den Arm und geh auf das zu, was du dir vorgenommen hast. Du wirst sehen, dass es dir leicht von der Hand geht. Lass dich nicht an das Bett fesseln. Bleib nicht liegen auf dem Bett deiner Begründungen, warum du das jetzt nicht tun kannst. Hör einfach auf den Impuls Jesu. Dann stehst du auf, nimmst all deine Bedenken unter den Arm und gehst auf das zu, was dich jetzt erwartet. Du wirst sehen: Es geht.

Das Wasser wird rein,
indem es weiterfließt;
der Mensch,
indem er weitergeht.

(Indisches Sprichwort)

PAUSE MACHEN UND
ZEIT FÜR MICH GEWINNEN

Damit unser Leben gelingt, braucht es Pausen. Ich kenne Menschen, die müssen ständig durcharbeiten. Selbst die Mittagspause lassen sie ausfallen. Sie essen ihre Brote, während sie ihre Mails beantworten. Pausen sind aber notwendig für unser Leben. Sie gehören zur Kunst des Lebens. Der Zeitforscher Karlheinz Geißler geht sogar so weit, zu sagen: Die Arbeit wird dadurch erst schön, dass sie Pausen, einen Anfang und ein Ende hat.

Unser deutsches Wort „Pause" kommt vom griechischen Wort „anapauso": aufhören lassen, unterbrechen, Ruhe verschaffen, erquicken. Das Substantiv „anapausis" bedeutet: Unterbrechung, Ruhe, Ruheplatz. Bei den Griechen meint „anapausis" nicht nur Arbeitsruhe, sondern auch die notwendigen Ruhezeiten, die die inneren Organe des Menschen brauchen, die Zeit, die der Sportler zur Regeneration benötigt, und die Ruhe vom Kriegsdienst. Im religiösen Sinn kann „anapausis" auch Erlösung von allen Übeln bedeuten. Denn die Ruhe ist für die Griechen etwas Heiliges und etwas, worum man die Götter bittet.

Eine Pause ist also nicht nur die kurze Unterbrechung, die wir zwischendurch während der Arbeit oder während einer Wanderung einlegen. Vielmehr bedeutet „anapausis" für die Griechen immer auch Ruhe und Aufatmen. Diese Ruhe ist jedoch nicht einfach Nichtstun, sondern eine körperliche und seelische Erquickung. Philon, der jüdische

Philosoph, der griechische und jüdische Weisheit miteinander verbindet, sieht in der „anapausis", in der Ruhe, den höchsten Wert. Dabei versteht er die Ruhe nicht als Untätigkeit, sondern als mühelose Tätigkeit. Gott ruht, ohne müde zu sein. Seine Ruhe ist schöpferisches Tun. Für Philon findet der fromme Mensch ähnlich wie Gott die schöpferische Ruhe, während der Unvernünftige ruhelos ist.

> Gönnen Sie sich Unterbrechungen. Und genießen Sie sie auch.

Auch für uns heute gilt: Eine Pause zu machen ist heilsam. Wir haben anstrengend miteinander gearbeitet. Jetzt tut es gut, die Arbeit zu unterbrechen und sich Ruhe zu gönnen. Da können die körperlichen Kräfte sich wieder regenerieren. Oder wir haben in der Besprechung schwierige Themen behandelt. Die Köpfe glühten. Da tut es gut, einfach einmal nichts zu tun, an die frische Luft zu gehen, aufzuatmen, neues Leben in sich einzulassen. Wenn wir weiter diskutiert hätten, hätten wir uns irgendwie in hitzigen Diskussionen verstrickt. Auch die Gehirnforschung sagt uns, dass solche Pausen notwendig sind, damit das Gehirn sich regenerieren kann. Ohne Pausen verlieren wir unsere Kreativität. Nach einer Pause kann es gut weitergehen.

Wenn ich ein Buch schreibe, gibt es Augenblicke, in denen der Fluss des Schreibens versiegt. Ich kann dann trotzdem weiterschreiben. Aber irgendwann spüre ich, dass der Text nicht gut wird, wenn ich verbissen dranbleibe. Dann lege ich mich für zehn Minuten aufs Bett. Ich denke nicht darüber nach, was ich schreiben soll. Aber gerade dann, wenn ich mich absichtslos aufs Bett lege, kommen mir gute Gedanken. Dann setze ich mich wieder an den PC, und es geht gut weiter. Im Urlaub schreibe ich grundsätzlich nichts. Da nehme ich auch kein Heft für Notizen und weder den PC noch ein Tagebuch mit. Ich gönne es mir einfach, mich auf das Wandern und auf die Gemeinschaft mit meinen Geschwistern einzulassen. Dann bin ich wieder erfrischt und kreativ, wenn ich mich danach wieder an den Schreibtisch setze.

Gönnen Sie sich also Unterbrechungen bei der Arbeit, gönnen Sie sich auch Pausen innerhalb des Familienlebens. Und genießen Sie diese Zeiten. Sagen Sie sich: Jetzt muss ich gar nichts tun, gar nichts bedenken, sondern einfach nur da sein. Ich mache einfach nur Pause und atme auf. Das genügt. Das tut mir gut.

Unser eigentliches Vermögen:
die Stunden, in denen wir nichts getrieben haben.
Sie sind es, die uns formen, uns individualisieren,
uns unterscheiden.

(Emil Cioran)

WIE AUCH BÜGELN ZUR MEDITATION WIRD

Viele verbinden mit Alltagsbeschäftigungen Stress und Langeweile, sie werden ungeduldig und genervt, wenn sie daran nur denken. Aber man kann gerade da auch eine ganz andere Erfahrung machen, die Routine aufbrechen und sogar einen „Flow" erleben. Was macht den Unterschied? Auch eine so alltägliche Tätigkeit wie das Bügeln kann man auf sehr verschiedene Weise vollziehen. Auch hier gilt wieder: Es liegt an mir.

Eine Frau erzählte mir, sie setze sich beim Bügeln ständig unter Leistungsdruck. Sie legt für sich eine Zeit fest, in der sie den Berg an Wäsche weggearbeitet haben muss. Und jedes Mal will sie weniger Zeit dafür brauchen. Auf diese Weise wird die ganze Zeit des Bügelns für sie allerdings eine Belastung. Sie steht unter dem Druck, möglichst schnell fertig zu werden. Eine andere Frau nützt das Bügeln als Zeit, in der sie nebenher CDs hören kann, entweder mit Vorträgen oder mit schöner Musik. Sie freut sich auf diese Arbeit, weil sie dann nebenher neue Gedanken in sich aufnehmen kann. Und wieder eine andere nimmt das Bügeln als meditative Tätigkeit. Sie geht ganz darin auf und hat das Gefühl, dass sie beim Bügeln ganz sie selbst ist. Sie spürt sich selbst und kann dabei abschalten von den täglichen Sorgen und Problemen. Es ist dann eine heilige Zeit für sie.

Karlfried Graf Dürckheim sagt: Alles, was einfach ist und was wiederholt werden kann, kann zur Meditation werden. Es ist eine aktive Meditation, eine Meditation im Tun. Das einfache Tun bringt mich innerlich zur Ruhe. Ich bin ganz bei mir. Thich Nhat Hanh sagt: „Es gibt zwei Arten, Geschirr zu spülen. Einmal, damit man hinterher sauberes Geschirr hat, und die zweite Art besteht darin, abzuwaschen, um abzuwaschen." Ob Geschirrspülen oder Rasenmähen, Bügeln oder Putzen: Es ist die Achtsamkeit, die dazu führt, dass diese Tätigkeit mich nicht entfremdet, dass ich vielmehr ganz in mir ruhe, völlig ich selbst bin, meinem Atem folgend und meiner Gegenwart bewusst.

> Das einfache Tun bringt uns
> innerlich zur Ruhe.

Gerade Bügeln verlangt Können, Konzentration und Achtsamkeit. Die Wäsche muss richtig gelegt werden, damit ich sie gut bearbeiten kann. Ich muss auf die Hitze des Bügeleisens achten. Aber wenn ich mich ganz dieser Tätigkeit hingeben kann, weil sie aufgrund meiner Erfahrung quasi routiniert abläuft, kann ich alles um mich herum vergessen, dann kann es vorkommen, dass das Gefühl für Raum und Zeit aufgehoben wird, Sorgen und Ungeduld verschwinden. Was ich achtsam und konzentriert tue, kann zu einem Symbol für etwas Tieferes werden. Wenn ich mich ganz dem Bügeln überlasse, kann das Glätten der Wäsche zum Symbol werden: dafür, dass das, was in mir krumm ist, glatt wird, dass das Ungeordnete in Ordnung kommt. Ich kann beim Bügeln sogar die Worte des Propheten Jesaja meditieren: „Was krumm ist, soll gerade werden, und was hüglig ist, werde eben" (Jes 40,4). Beim Bügeln kann ich also erahnen, dass auch in mir etwas heil wird und ganz. Auch in mir glättet sich etwas. Das griechische Wort „soteria" meint: Ich werde so, wie ich eigentlich gedacht bin. Im Bügeln wird das Hemd, das Stück Wäsche, das Tischtuch oder was auch immer so, wie es sein soll, wie es also seinem Wesen entspricht. So gesehen kann also eine einfache Tätigkeit wie das Bügeln zur Meditation werden, in der ich in Berührung komme mit meinem wahren Selbst.

Spiritualität heißt also: Ich erweitere meinen Blick. Ich fliehe nicht vor der Realität meines Lebens, sondern ich nehme mitten in der Alltäglichkeit und Banalität meines Lebens das Besondere wahr. Ich tue meine Pflicht und gehe meiner Arbeit nach. Aber ich gehe nicht auf in äußerer Pflichterfüllung. Ich stelle mich den alltäglichen Pflichten, den scheinbaren Nichtigkeiten. Aber ich weiß zugleich, dass sie nicht alles sind, dass es da noch eine andere Dimension in meinem Leben gibt. Ich sehe das Heilige im Banalen. Das verleiht auch dem Alltäglichen einen Goldglanz, und das gibt mir mitten in der Enge meines Alltags eine innere Weite und Freiheit und Größe.

Es bedarf nur der Einsicht, dass jede Haltung und gerade die sich immer wiederholende, gekonnte neben ihrem äußeren Sinn auch einen inneren Sinn birgt.

(Karlfried Graf Dürckheim)

KOCHEN – MIT LIEBE UND GESCHMACK

Ich kenne Frauen, aber auch Männer, die es lieben, zu kochen, um den Gästen oder der Familie eine Freude zu machen. Sie lassen sich von den Rezepten anderer inspirieren, und sie probieren auch gern etwas Neues aus und versuchen, immer wieder einen überraschenden Geschmack zu schaffen. Das Kochen regt sie zu Experimenten an. Andere lieben das alltägliche Kochen. Das Gewohnte macht ihnen Spaß. Ihnen geht das Kochen leicht von der Hand. Sie überlegen vorher, was sie brauchen und welche Schritte der Vorbereitung zu tun sind. Dann freuen sie sich, mit dem, was sie eingekauft und sich zurechtgelegt haben, etwas Gutes und Schmackhaftes zuzubereiten.

Wie auch immer: Wer kocht, tut nicht nur anderen etwas Gutes, sondern auch sich selber. Der griechische Philosoph Epiktet wusste es: „Bei der Mahlzeit bewirtest du zwei Gäste, deinen Leib und deine Seele."

> Gott ist auch bei den Kochtöpfen.

Der Herd, an dem wir kochen, hat seit jeher für die Menschen eine tiefere Bedeutung gehabt. Er ist Symbol der menschlichen Gemeinschaft, er spendet Wärme und Geborgenheit. Bei den Römern war der Herd die Stätte häuslicher Schutzgeister. Schon der antike Philosoph Heraklit hat um 500 v. Chr. einen Bezug zwischen der Küche und dem

Göttlichen hergestellt: Als er sich dort die Hände am Feuer wärmte und Besucher nicht wagten, näher zu treten, soll er gesagt haben: „Tretet ein, auch hier sind Götter." Und der großen christlichen Mystikerin Teresa von Avila wird der Satz zugeschrieben: „Gott ist auch bei den Kochtöpfen."

Kochen verbindet, sagt man, und: Liebe geht durch den Magen. Der Dalai Lama hat diese Einsicht vielleicht im Kopf gehabt, als er einmal sagte: „Widme dich der Liebe und dem Kochen mit ganzem Herzen." Am Herd wird das Essen bereitet, das auch die Mitglieder der Familie verbindet, sie nährt und stärkt und gesund erhält. Nelly Sachs spricht daher davon, dass der Herd ein Ort ist, mit dem wir unsere Sehnsucht nach Heimat verbinden, unsere Sehnsucht nach Liebe, nach Wärme, nach Genuss und Lebensfreude. Sie nennt Herd und Wiege „abgefallenes Stückgut der Sehnsucht". In dem Alltäglichen des Herdes entdeckt sie die Sehnsucht nach dem, was eigentlich gemeint ist: nach dem Ursprünglichen, Unverfälschten. Im Bild des Herds lebt das Paradies der Erinnerung an vertraute Erfahrungen auf, an Gerüche und Geschmack. Darin steckt aber auch die Sehnsucht nach dem Neuen, das immer wieder durch das Kochen für uns Menschen entsteht, das uns innerlich erneuert.

Kochen ist kreativ. Und wer gut kocht, ist auf seine Weise schöpferisch. Der Abt der Benediktinerabtei Tholey, Mauritius, der früher selber ein Spitzenkoch war, hat es einmal auf den Punkt gebracht und eine kulinarisch gewendete Schöpfungstheologie benediktinisch-schlicht so formuliert: „In der Küche geben wir Antworten auf die Geschenke Gottes".

MAHLZEIT – GEMEINSAME ZEIT FÜR DAS EIGENTLICHE

Die Familie hält miteinander Mahl. Wir setzen uns am Mittag auch mit anderen Arbeitskollegen zusammen, um gemeinsam zu essen. Wir laden oft auch Gäste ein. Und wir feiern ein Fest mit einem festlichen Mahl und transzendieren damit auch unseren gewöhnlichen Alltag: Vom „himmlischen Behagen" hat Goethe in seinem „Tischlied" gesprochen, als er die gemeinschaftlichen Tafelfreuden beschrieb.

Das deutsche Wort „Mahl" hat die gleiche Wurzel wie „medicus" = „Arzt". Vom Mahl geht etwas Heilsames aus. Zum Mahl nehmen wir uns Zeit. Da kommen wir miteinander ins Gespräch. Und wir genießen gemeinsam die guten Gaben Gottes.

> Freude und Einheit, Genießen und Gemeinschaft – das zeichnet die gemeinsame Zeit des Mahls aus.

Die Bibel erzählt uns immer wieder von wichtigen Mahlzeiten. Abraham lädt die Gäste zum Mahl. Und er erkennt beim Mahl, dass es Engel sind, die Gott ihm geschickt hat. Der alttestamentliche Weise Jesus Sirach gibt uns Regeln an, wie man sich beim Mahl verhalten soll. Man soll nicht gierig sein, nicht das Wort an sich reißen, sondern sich auf die Gemeinschaft einlassen. „Wer bei Tisch anständig ist, wird gelobt, sein guter Ruf steht fest" (Sir 31,23). Und am Ende der Zeiten wird Gott mit allen Menschen ein festliches Mahl halten. So verkündet es uns der Prophet Jesaja (Jes 25,6ff).

Im Neuen Testament ist es vor allem der Evangelist Lukas, der uns von vielen Mahlzeiten Jesu erzählt. Lukas ist Grieche und kennt daher das Mahl auch als den Ort, an dem man philosophiert und sich über das unterhält, was wesentlich ist für den Menschen. So hält Jesus Mahl mit den Zöllnern und Sündern und verkündet ihnen, worum es eigentlich geht: dass die Kranken geheilt werden, dass die Menschen sich öffnen für die Liebe Gottes. Jesus hält Mahl mit allen Schichten: mit den Pharisäern, mit den Sündern, mit seinen Freunden, mit Männern und Frauen. Das Mahl wird der Ort, an dem er den Menschen Gottes Liebe nicht nur verkündet, sondern sie ihnen leibhaft zeigt. Mahl bedeutet immer Gemeinschaft. Jesus ist bereit, mit allen Menschen Gemeinschaft zu pflegen und die Menschen mit seiner Liebe zu beschenken. Und er erzählt vom Festmahl Gottes, zu dem wir alle geladen sind. Das Festmahl wird zum Bild des Einswerdens mit uns selbst, mit anderen Menschen und mit Gott. Das Mahl erhält seine tiefste Würde, indem Jesus es zum Bild seiner Liebe macht, die stärker ist als der Tod. Und er trägt seinen Jüngern auf, dieses Mahl – das Abendmahl, die Eucharistie – immer wieder zu seinem Gedächtnis zu halten. Im Brot und im Wein gibt sich Jesus selbst den Teilnehmern an seinem Mahl. Aus seiner Liebe sollen sie leben. Das Mahl wird so zum Bild für die neue Gemeinschaft seiner Jünger. Von den ersten Christen sagt Lukas: „Sie brachen in ihren Häusern das Brot und hielten miteinander Mahl in Freude und Einfalt des Herzens" (Apg 2,46). Etwas von dieser Freude und von der Einheit, die das Mahl zu stiften vermag, sollte auch in unseren Mahlzeiten zu Hause aufscheinen.

Am Ende der Zeiten wird Gott mit allen ein festliches Mahl halten.

BACKEN – BILD FÜR INNERE VERWANDLUNG

Meine Mutter hat immer gerne gebacken. Kuchen gab es zu Festtagen und natürlich in der Weihnachtszeit die Plätzchen. Es roch dann in der Küche so gut, und wir durften als Kinder immer auch vom Teig naschen. In der Familie meiner Mutter war es nämlich verpönt, zu naschen, und deshalb hatte sie sich geschworen, dass sie das als Mutter einmal anders machen möchte. Viele Frauen legen ihre ganze Liebe ins Backen. Sie bereiten den Teig liebevoll zu und beobachten dann, wie der Teig im Backofen langsam aufgeht, bis er die richtige Form und Festigkeit gewonnen hat. Im Backen liegt also die Freude, der Familie eine Freude zu machen. Und in die Süßigkeit der Kuchen oder Plätzchen ist immer auch davon etwas „hineingebacken". Da kommt immer auch etwas von der Liebe zum Ausdruck, die die Gemeinschaft stärkt und die nicht nur dem Leib, sondern auch der Seele guttut.

Das Backen des Brotes ist nicht nur für die Feiertage, sondern auch für den Alltag. Brot essen ist keine Kunst, aber Brot backen, sagt ein Sprichwort. Brot backen ist etwas Altes und Archaisches. Brotbacken ist eine der wichtigen Fertigkeiten in der Geschichte der Menschen, seit etwa 6000 Jahren schon. Früher wurde Brot auch in Öfen gebacken, die in die Erde gegraben waren – verbunden mit der Vorstellung, dass da die Leben spendende Kraft der Erde wirksam wird. Und wenn noch im vergangenen Jahrhundert die Backöfen in der Mitte eines Dorfes standen und gemeinschaftlich genutzt wurden, war das auch ein Zeichen der Zusammengehörigkeit und der Gemeinschaft.

Auch sonst wird im Vorgang des Backens eine tiefe Symbolik sichtbar. Der hl. Augustinus etwa hat das Backen als Symbol für unser Leben gesehen. Was ist damit gemeint? Wir alle werden in der Hitze des Lebens wie in einem glü-

> Wir können das Backen als ein Bild sehen, wie wir zum Segen werden für andere.

henden Ofen gebacken. Der Ofen ist ein Symbol für Wandlungsprozesse. Und der Backofen wurde oft auch als Symbol für den weiblichen Schoß gesehen. Wenn das Brot in den Ofen geschoben wird, ist das ein Symbol für die Rückkehr in den Embryonalzustand. Und die Hitze steht für Tod und Neugeburt. So können wir das Backen als ein Bild für unsere innere Verwandlung verstehen: Was durch die Glut des Lebens und der Liebe an innerer Frucht entsteht, das ist nahrhaft für andere Menschen. Aber wie das Brot müssen wir selber durch die Hitze hindurch, damit wir, so wie der Brotteig zur Nahrung für andere wird, den anderen Mittel zum Leben werden und damit wir mit dem, was in uns gebacken wurde, zum Segen werden für andere

Gott ist ein glühender Backofen voller Liebe.

(Martin Luther)

HEIMKOMMEN IN MEINE WELT,
DIE ICH KENNE

Nach der Arbeit ist Feierabend. Die Arbeit ist getan. Dringendes wurde erledigt. Man fühlt sich frei und kann durchatmen. Für viele ist es der schönste Teil des Tages. Sie freuen sich aufs Heimkommen und darauf, in ihrer eigenen Wohnung einen Raum zu haben, in dem sie sich daheim und geborgen fühlen. Sie müssen keine Rolle spielen. Sie werden erwartet.

Doch manche haben auch Angst, heimzukommen. Alleinstehende fühlen sich einsam in ihrer Wohnung. Sie werden von niemandem erwartet. Oft freuen sie sich zwar, endlich allein zu sein und nicht mehr auf die Wünsche und Anforderungen anderer reagieren zu müssen. Doch manchmal wird das Alleinsein auch zur Qual. Wieder andere gehen mit einem bangen Herzen nach Hause. Sie kehren nicht in ein friedliches Heim ein. Sie erwartet vielmehr ein unzufriedener Partner oder kranke Eltern oder Kinder, die gerade in einer schwierigen Phase sind.

Damit das Heimkommen gelingt, braucht es ein bewusstes Abschiednehmen von der Arbeit. Und es braucht eine Vorausmeditation: Ich gehe jetzt bewusst nach Hause. Ich weiß: Das, was mich erwartet, tut mir gut. Auch wenn es mich herausfordert, so ist es doch meine eigene Welt, in die ich heimkehre. Es ist meine Welt, die ich kenne und die ich gestalte. Ich darf hier ich selbst sein. Und auch wenn mich Auseinandersetzungen erwarten, so kann ich die doch als eine gute Herausforderung annehmen, innerlich zu wachsen.

Heimat entsteht nicht nur durch die Harmonie in der Familie oder durch die Schönheit der Wohnung. Die deutsche Sprache verbindet vielmehr Heimat mit Geheimnis. Daheim sein kann ich nur, wo das Geheimnis wohnt. Und so ist es gut, mich für das Geheimnis zu öffnen, das mich daheim erwartet, für das Geheimnis unserer Liebe, die uns miteinander verbindet. Wenn ich um das Geheimnis Gottes weiß, das mit seinem Segen unser Haus bewohnt, dann kann ich mich auch daheim fühlen, wenn Konflikte das gute Gefühl von Harmonie und Frieden stören. Das Geheimnis umfängt uns auch dann, wenn wir uns gerade einmal nicht so gut verstehen.

> Damit das Heimkommen gelingt, braucht es ein bewusstes Abschiednehmen von der Arbeit.

Wenn ich bei Führungskursen von dieser Art des Heimkommens erzähle, dann kommen oft Einwürfe: Ja, das wäre schön. Aber ich muss auch zu Hause ständig erreichbar sein. Ich kann mich nie ganz auf meine Familie einlassen, weil ich immer schon in Spannung bin, was wieder an Anrufen aus der Firma kommt. Das ist heute sicher ein Problem für viele. Und die Firmen sollten gut überlegen, wie sie die Zeiten des Daheimseins ihrer Mitarbeiter schützen können. Aber ich kann mich auch selber, trotz der Erreichbarkeit, darin einüben, jetzt im Augenblick zu sein. Denn gerade jetzt, in diesem Augenblick, werde ich nicht angerufen. Und jetzt kann ich ganz für meine Familie da sein, mich ganz auf die Mahlzeit und auf das Gespräch miteinander konzentrieren.

Ohne Feierabend ist das Zeitleben vom Glück
so weit entfernt wie das Leben einer Arbeitsbiene
vom Hochzeitsflug einer Bienenkönigin.

(Karlheinz Geißler)

INS BETT GEHEN UND DEN TAG LOSLASSEN

Viele freuen sich abends aufs Bett. Doch manche kommen einfach nicht dazu, sich früh genug schlafen zu legen. Sie haben noch so vieles zu erledigen. Dann stolpern sie irgendwann müde ins Bett und können doch nicht einschlafen, weil sie so vieles noch innerlich beschäftigt. Andere kommen nicht zur Ruhe, weil sie über verpasste Gelegenheiten nachdenken und sich ständig etwas vorwerfen: „Hätte ich mich doch anders entschieden … Wäre ich doch im Gespräch mit der Tochter, mit dem Sohn, mit dem Ehepartner sensibler und liebevoller gewesen … Hätte ich doch dieses oder jenes Wort nicht gesagt …"

Wichtig ist, dass wir am Abend zur Ruhe kommen. Matthias Claudius hat in seinem berühmten Abendlied in der zweiten Strophe die Stille besungen:

„Wie ist die Welt so stille
Und in der Dämmrung Hülle
So traulich und so hold!
Als eine stille Kammer,
Wo ihr des Tages Jammer
Verschlafen und vergessen sollt."

Die Stille des Abends tut dem Menschen gut. Da verklingt der Lärm des Tages. Und in der Stille kann er all seinen Jammer vergessen. Die Sorgen des Tages kommen zum

Schweigen. Ich brauche nur auf die Stille des Abends zu hören, dann wird es auch in mir still. Nur wenn wir innerlich und äußerlich zur Ruhe finden, erleben wir die Ruhe als Segen. Erst dann kommen wir in der Stille in Berührung mit unserer Seele. Und dann vergessen wir „des Tages Jammer", jetzt erst fühlt sich unsere Seele daheim.

Tag und Nacht sind das Maß unserer natürlichen Zeit. Im Kloster haben wir einen klaren Tagesablauf. Wir stehen früh auf und gehen rechtzeitig ins Bett. Die Nacht ist ein geschützter Raum der Stille. Die Mönchstradition spricht vom „silentium nocturnum", dem nächtlichen Schweigen, das durch klare Regeln geschützt ist. Nach der Komplet spricht man normalerweise nicht mehr miteinander. Da bereitet sich jeder auf die Nacht vor.

> Die Nacht wird zur Erholung, wenn ich mich selbst loslassen kann, mich fallen lasse in Gottes liebende Arme.

Die Nacht hat auch ihre eigene Qualität. Sie vermittelt etwas vom bergenden und fruchtbaren Mutterschoß. Und sie ist zugleich Bild für das geheimnisvolle Dunkel. Für die Mönche ist die Nacht immer auch eine spirituelle Zeit. Sie kennen die Vigil, das Gebet der Nachtwache. Die Nacht bietet eine größere Stille. Und in der Nacht zu beten bringt uns oft Gott näher.

Hilfreich sind Rituale. Auch das Zu-Bett-Gehen braucht eine feste Form. Ein gutes Ritual könnte sein, vor dem Bett nochmals stehen zu bleiben und die Hände in Form einer Schale auszubreiten. Dann halte ich den Tag Gott hin. Ich verzichte auf alles „hätte" und „wäre". Der Tag ist so, wie er ist. Ich kann ihn nicht mehr ändern. Aber ich darf vertrauen, dass Gott den vergangenen Tag in Segen verwandelt, dass Gott das nicht gelungene Gespräch, die gesagten und nicht gesagten Worte in Segen verwandelt. Das lässt mich den Tag loslassen. Ich halte ihn Gott hin und lasse ihn in seine Liebe hinein los. Die Hände in Form der Schale sind aber auch ein Bild für das Bett, in das ich mich nun legen werde. Im Bett werde ich mich in Gottes liebevolle Hände hinein bergen. Das nimmt mir die Angst vor einer schlaflosen Nacht. Ganz gleich, ob ich jetzt sofort einschlafe oder länger wach bleibe, ich bin in Gottes liebevollen Händen geborgen. Das beruhigt mich und entspannt mich. Und es ist dann nicht mehr so wichtig, ob ich schlafe oder nicht. Die Nacht wird zur Erholung, weil ich mich selbst loslassen kann in Gottes liebende Arme hinein, die mich umarmen. Im Schlaf kann ich zu einem Kind werden, das sich einfach fallen lässt in die liebenden Arme Gottes.

Wer die Nacht nicht ehrt,
ist des Tages nicht wert.

(Italienisches Sprichwort)

3

Vom Wunderbaren im Selbstverständlichen – Was Sinn im Leben gibt

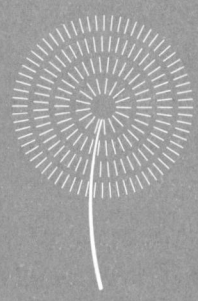

Wir tun viele Dinge selbstverständlich. Wir atmen, wir gehen, wir stehen und wir sitzen. Oft denken wir uns nichts dabei, weil es automatisch geschieht. Alles aber, was im Leib geschieht, kann zum Symbol werden für mehr. Als ich durch Graf Dürckheim auf die verwandelnde Kraft des Leibes aufmerksam geworden bin, habe ich in einer biblischen Konkordanz nachgesehen, was sich dort jeweils unter den Stichworten „Atmen", „Sitzen", „Stehen" und „Gehen" findet. Als ich diese Stellen nachlas, entdeckte ich, dass die Bibel eine eigene Theologie des Sitzens, des Stehens, des Gehens und des Atmens entwickelt. Wer die verschiedenen biblischen Aussagen meditiert, dem wird aufgehen: All diese selbstverständlichen Tätigkeiten haben eine tiefere Bedeutung und ihren eigenen Sinn. Er liegt darin, dass sie uns letztlich hineinführen in das Geheimnis unseres Menschseins. Aber auch das Geheimnis unserer Beziehung zu Gott wird deutlich, wenn wir darauf achten, wie wir vor Gott stehen, vor ihm sitzen, vor ihm gehen und wie in unserem Atem Gottes Odem selbst erfahrbar wird.

Nicht nur die Bibel hat eine eigene Theologie des Stehens, Sitzens, Gehens und Atmens entwickelt. Wir brauchen nur auf unsere Sprache zu hören. Dann erkennen wir, wie all diese Tätigkeiten immer auch eine tiefere Bedeutung in sich tragen. Das Wort „stehen" steckt in vielen Zusammensetzungen. Wer sich verstanden fühlt, der kann zu sich stehen, der kann für sich einstehen. Wenn mir jemand beisteht, kann ich aufrechter stehen. Genauso viele Redewendungen gibt es mit dem Gehen. Ich fühle mich etwa „übergangen". Oder da geht jemand in der Arbeit auf. Oder er geht ein. Das heißt: Er verliert sich selbst. Alles Tun – so sagt uns die deutsche Sprache – wird zum Bild für wesentliche Haltungen und Erfahrungen auf dem Weg unserer Menschwerdung.

ATMEN IM RHYTHMUS DES LEBENS

Wir alle atmen. Atem ist Leben. Mit dem ersten Schrei des Neugeborenen beginnt es, und nach dem letzten Atemzug tritt der Tod ein. Trotzdem: wir kennen auch Unterschiede. Da gibt es kurzatmige Menschen, die Hektik um sich verbreiten – oder Menschen, die ganz ruhig atmen und Gelassenheit ausstrahlen. Der Atem ist ein Barometer für den inneren Zustand des Menschen. Wer unruhig atmet, wer kaum noch Luft bekommt, der zeigt damit seine innere Unruhe: Er ist nicht bei sich. Umgekehrt ist der Atem aber auch ein Instrument der Verwandlung. Wenn wir bewusst ruhig atmen, dann werden wir ruhig. Und wenn wir bei einer Kritik von außen erst einmal durchatmen, dann kommen wir mit uns selbst in Berührung und werden unsere Reaktion nicht von außen bestimmen lassen, sondern aus unserer Mitte heraus antworten.

Im Atmen fühlen wir uns verbunden mit allen Menschen, aber auch mit allen Tieren, ja mit der ganzen Schöpfung.

Karlfried Graf Dürckheim hat uns den rechten Atem bei der Meditation gelehrt. Sein Rat: Es geht nicht darum, den Atem künstlich zu verändern. Wir sollten nur darauf achten, ruhig auszuatmen und im Ausatmen alles loszulassen, was uns beschäftigt, Gedanken, Spannungen und Konflikte. Und im Einatmen sollen wir das Neue, sollen wir den Geist Gottes in uns einströmen lassen. Der wichtigste Augenblick aber, so lehrte er uns, sei der Augenblick zwischen Ausatmen und Einatmen: ein Augenblick der absoluten Stille, des absoluten Loslassens. Wir lassen da unser eigenes Tun los. Wenn Menschen auch noch das Atmen kontrollieren wollen, verfälschen sie die Bedeutung des Atems. Denn darin geht es um das Geschehenlassen und nicht um das Machen.

Die zweite Schöpfungsgeschichte erzählt uns, dass Gott den Menschen aus der Erde vom Ackerboden formte. Und er „blies in seine Nase den Lebensatem" (Gen 2,7). Wir atmen im Atem also Gottes Lebensatem ein. Das Neue Testament bezeichnet den Heiligen Geist als den Odem Gottes. Im Atem atmen wir also Heiligen Geist in uns ein. Oder, wie es der persische Dichter Rumi einmal ausgedrückt hat: Im Atem strömt Gottes Liebesduft in uns ein. Wenn wir uns das bei jedem Atemzug bewusst machen, dann geht es nicht nur darum, genügend Luft zu bekommen. Vielmehr erfahren wir im Atmen, dass Gottes Liebe uns ganz und gar durchdringt. Die Psychologie hat die Bedeutung des Atems neu erkannt. Sie spricht vom Heil-Atem. Wenn wir uns zum Beispiel vorstellen, im Atem Gottes heilende Liebe in alle Bereiche unseres Leibes strömen zu lassen, dann werden wir uns im Leib auch anders fühlen: Eine solche Übung des Loslassens befreit von Verspannungen. Wir sind dann erfüllt von Gottes heilender Liebe.

Die Bibel sagt noch etwas anderes über den Atem: „Beide (Mensch und Tier) haben ein und denselben Atem" (Koh 3,19). Im Atmen fühlen wir uns also verbunden mit allen Menschen, aber auch mit allen Tieren, ja mit der ganzen Schöpfung.

Wir können natürlich nicht bei jedem Atemzug an alle Bedeutungen denken, die die spirituelle Tradition mit dem Atem verbindet. Aber es tut uns gut, bewusst zu atmen. Gerade wenn wir uns unruhig fühlen oder wenn wir in wichtigen Besprechungen sind oder unter Stress stehen, hilft es uns, auf den Atem zu achten und den Atem ruhiger strömen zu lassen. Dann werden wir auch ruhiger. Wir spüren uns selbst und lassen uns nicht von außen bestimmen.

Im Atemholen sind zweierlei Gnaden:
Die Luft einzuzieh'n, sich ihrer entladen;
Jenes bedrängt, dieses erfrischt;
So wunderbar ist das Leben gemischt.
Du danke Gott, wenn er dich presst,
Und dank ihm, wenn er dich wieder entlässt.

(Johann Wolfgang von Goethe)

GEHEN KANN ZUR ÜBUNG WERDEN

„Wie geht es?", fragen wir jemanden – und meinen damit eigentlich seine Gesamtsituation. Gehen gehört zutiefst zu uns. Und wie wir es tun, sagt etwas Tieferes aus. Eine alte Pilgerweisheit sagt: „Zeige mir, wie du gehst, und ich sage dir, wie es dir geht."

Gehen gehört zum Alltag. Wir gehen täglich zumindest einige Schritte. Wir gehen in der Wohnung von einem Raum zum anderen. Wir gehen zum Einkaufen. Wir gehen zur Arbeit. Und wir gehen spazieren. Im Urlaub wagen wir größere Wege. Jetzt haben wir Zeit und keine unmittelbaren, aktuellen Ziele. Wir wandern durch schöne Landschaften, genießen die Aussicht, lassen die Blicke in die Weite schweifen. Wir können die Wege unbewusst, mehr oder weniger achtlos, einfach so dahingehen. Oder wir können unser Gehen auch einmal bewusst bedenken. Wenn ich ganz im Gehen bin, dann erkenne ich Wesentliches über mein Menschsein: Im Gehen ziehe ich aus Vergangenem aus. Ich lasse hinter mir, was mich festhalten möchte. Ich gehe immer mehr hinein in meine eigene Gestalt. Selbst so etwas Gewöhnliches wie das Gehen kann zur Übung werde.

> Lass im Gehen hinter dir,
> was dich festhalten möchte.

Eine Übung des Gehens kann das bewusstmachen: Stelle dir zu Beginn deines Weges vor, wie du all die Fäden loslässt, die dich vom Rücken her halten. Es sind vielleicht alte Gewohnheiten, in denen du befangen bist. Oder es sind Bindungen an Menschen, die dir nicht guttun, oder Abhängigkeiten von Situationen oder Menschen. Gehe dich frei. Dann hast du das Gefühl: Ich gehe meinen Weg, aufrecht und in Freiheit. Dann achte auf jeden Schritt. Du betrittst mit jedem Schritt die Erde und löst dich wieder davon. Du bleibst immer in Bewegung. Nimm das als Symbol, dass du immer auf dem Weg der Verwandlung bist, dass sich in jedem Augenblick in dir etwas wandelt, dass du auch auf deinem inneren, auf deinem spirituellen und menschlichen Weg immer weitergehen musst. Du kannst nicht stehen bleiben. Stillstand würde dich erstarren lassen. Nur der innere Weg hält dich lebendig

Und mach dir auch bewusst: Ich gehe immer auf ein Ziel zu. Novalis drückt das schön aus in dem Satz: „Wohin denn gehen wir? – Immer nach Hause!"

Wenn ich solche Aspekte bedenke, dann wird mein Gehen zu einer spirituellen Erfahrung – und ich stehe damit in der Tradition biblischer Lebenskunst. In der Bibel, die ihre Weisheiten oft aus dem alltäglichen Leben nimmt, gibt es viele Worte im Zusammenhang mit dem Gehen. Wenn wir sie gehend bedenken, wird auch unser Gehen intensiver. Wir sollen „auf den Wegen des Herrn gehen" (Dtn 8,6) und „unsere Wege gehen im Licht des Herrn" (Jes 2,5). Wir gehen mit und vor Gott unsere Wege. Und Gott geht mit uns unsere Wege. Er verheißt dem, dessen Weg durch schwierige Strecken geht: „Wenn du durchs Wasser schreitest, bin ich bei dir, wenn durch Ströme, dann reißen sie dich nicht fort. Wenn du durchs Feuer gehst, wirst du nicht versengt, keine Flamme wird dich verbrennen" (Jes 43,2). Unser Gehen steht also unter dem Schutz und Segen Gottes.

Wir gehen aber auch mit anderen Menschen. Beim Propheten Amos heißt es: „Können denn zwei miteinander wandern, es sei denn, sie werden einig unterwegs?" (Am 3,3). Miteinander zu gehen kann also ein guter Weg sein, sich zu verständigen, unterwegs einig zu werden, sich in der Auffassung der Welt näherzukommen. Konflikte können sich lösen, wenn wir uns gemeinsam auf den Weg machen.

> Vertraue darauf, dass dein Weg dich ins Leben führt.

Manchmal nehme ich mir ein Weg-Wort aus der Bibel, wenn ich bewusst langsam einen Weg gehe. Ich erlebe mein Gehen etwa auf neue Weise, wenn ich mir sage: „Du schaffst meinen Schritten weiten Raum, meine Knöchel wanken nicht" (Ps 18,37). Im Licht dieses Wortes erlebe und spüre ich etwas von der Weite und Freiheit, in die ich hineingehe. Oder ich meditiere beim Gehen den wunderbaren Vers: „Er befiehlt seinen Engeln, dich zu behüten auf all deinen Wegen. Sie tragen dich auf ihren Händen, damit dein Fuß nicht an einen Stein stößt" (Ps 91,11f). Oder ich sage mir vor:

„Muss ich auch wandern in finsterer Schlucht, ich fürchte kein Unheil, denn du bist bei mir" (Ps 23,4). Wenn ich diese alten Worte verinnerliche, fühle ich mich auf meinen Wegen behütet und beschützt. Und es bestärkt in mir das Vertrauen, dass mein Weg mich zum Leben führt.

Eine Anregung: Du kannst im Urlaub einmal eine Zeit lang ganz bewusst mit einem solchen Bibelwort gehen. Wenn du es meditierst, wird dir aufgehen, was Gehen bedeuten kann, dass du auch in einer so alltäglichen und schlichten Handlung tiefe Glaubenserfahrungen machen darfst: die Erfahrung, dass all deine Wege von Gott behütet sind, dass Gott mit dir geht und dich einen Weg führt, der in immer größere Lebendigkeit, Freiheit, Liebe und Frieden mündet.

· ·

Wenn ich achtsam gehe, dann spüre ich
auf intensive Weise meine tiefe Verbundenheit
mit der Erde und meine Verantwortung für sie.

(Thich Nhat Hanh)

STEHEN ALS EINE BEWUSSTE HALTUNG

Wir stehen tagsüber immer wieder. Wir stehen etwa an einer Haltestelle. Wir stehen im Bus. Und wir stehen im Gottesdienst beim Evangelium, beim Vaterunser. Oft stehen wir einfach, ohne über unser Stehen nachzudenken. Dabei ist Stehen eine Haltung, die – wenn wir sie uns bewusst machen – eine tiefe Bedeutung haben kann.

> Unser eigenes Stehen möge uns immer mehr dazu führen, dass wir zu uns stehen und nicht umfallen, wenn einer eine andere Meinung äußert, dass jeder für sich einsteht und im Glauben feststeht.

Wenn wir in die Bibel schauen, dann hat dort das Stehen tatsächlich eine tiefere Bedeutung. Da ist die Rede, dass wir vor dem Herrn stehen (Dtn 18,7). Der Prophet Jesaja versteht Stehen als Glauben: Wer glaubt, der hat einen neuen Stand. So heißt es in Jes 7,9: „Glaubt ihr nicht, so könnt ihr nicht feststehen, so habt ihr keinen Stand." Paulus ermahnt die Christen: „Steht fest im Glauben!" (1 Kor 16,13). Oder: „Steh fest im Herrn!" (Phil 4,1). Wer aufrecht dasteht, der stellt sich den Menschen, den Konflikten, dem Leben. Zu dem Mann mit der verdorrten Hand, der sich anpasst und in seiner Zuschauerrolle bleibt, um sich die Finger nicht zu verbrennen, sagt Jesus: „Steh auf und stell dich in die Mitte!" (Lk 6,8). Jesus fordert ihn heraus, sich dem Leben zu stellen, vor anderen Menschen zu sich zu stehen, Stehvermögen zu zeigen. Und er soll sich so aufstellen, dass er in seiner Mitte zu stehen kommt.

Paulus arbeitet auch mit dem Gegensatz von Stehen und Fallen. So mahnt er die Christen in 1 Kor 10,12: „Wer also zu stehen meint, der gebe acht, dass er nicht fällt." Und den Christen, die über einen anderen richten, ruft Paulus zu: „Sein Herr entscheidet, ob er steht oder fällt. Er wird aber stehen; denn der Herr bewirkt, dass er steht" (Röm 14,4). Christus selbst also stärkt uns, dass wir stehen und nicht fallen.

Im Deutschen gebrauchen wir das Stehen oft auch für einen Menschen, der Selbstvertrauen und innere Stabilität hat. Wir sagen: Ich stehe zu mir. Ich stehe für mich ein. Ich habe Stehvermögen. Ich habe einen Standpunkt. Wie wir stehen, das sagt etwas über uns aus: Wer ganz eng steht, der drückt aus, dass er Probleme hat, zu sich zu stehen und „Stehvermögen" zu zeigen. Wer zu breitbeinig dasteht, der will mit seinem Stehen imponieren. Aber er kann in dieser Haltung leicht umfallen. Das richtige Stehen entspricht dem Stehen eines Baumes. Der Baum ist tief verwurzelt. Er ruht in sich. Aber er steht nicht wie ein Betonpfeiler. Er kann sich im Wind leicht bewegen, ohne dass er umfällt. Und der Baum steht aufrecht. Er entfaltet seine Krone zum Himmel hin. Auch das ist ein schönes Bild für den Menschen. Wir sind Menschen, die fest verwurzelt in der Erde sind. Aber in unserem Stehen öffnen wir uns auch dem Himmel, so wie der Baum seine Krone zum Himmel hin öffnet.

Sie können das Stehen auch bewusst üben: Stellen Sie sich aufrecht hin und wurzeln Sie sich gut ein. Dann können Sie sich den Psalmvers vorsagen: „Wirf deine Sorge auf den Herrn, er hält dich aufrecht!" (Ps 55,23). Dann werden Sie spüren, dass Sie besser stehen können, wenn Sie alle Ihre Sorgen auf Gott werfen. Oder sagen Sie sich den anderen Psalmvers vor: „Ich habe den Herrn beständig vor Augen. Er steht mir zur Rechten, ich wanke nicht" (Ps 16,8). Dann spüren Sie, dass das einfache Stehen tagsüber durchaus zu einer Übung werden kann, bewusster zu leben und zu erahnen, was Glauben heißt: feststehen im Glauben, einen guten Grund haben, auf dem ich fest stehen kann. Gott wird in den Psalmen immer wieder als der Fels bezeichnet, auf dem ich fest stehen kann. Unser eigenes Stehen möge uns also immer mehr dazu führen, dass wir zu uns stehen und nicht umfallen, wenn einer eine andere Meinung äußert, dass jeder für sich einsteht und im Glauben feststeht.

Zeige mir, wie du stehst,
und ich sage dir, wie es um dich steht.

(Sprichwort)

SITZEN – SICH NICHT BESETZEN LASSEN

Wir sitzen vor unserem Computer. Wir sitzen im Büro und erledigen die Telefonanrufe. Wir sitzen im Zug oder im Auto. Wir sitzen beim Essen, und wir sitzen abends vor dem Fernseher. Manche beklagen, dass wir vor lauter Sitzen nicht in Bewegung kommen. Doch das Sitzen hat auch etwas Positives. Auch die Bibel sieht das so.

Beim Propheten Micha lesen wir: „Jeder sitzt unter seinem Weinstock und unter seinem Feigenbaum und niemand schreckt ihn auf" (Mi 4,4). Hier ist das Sitzen ein Bild des Friedens und der Ruhe. Sie können das selber ausprobieren, indem Sie sich einfach einmal auf eine Bank setzen und den Frieden um sich herum genießen. Wenn Sie auf das Zwitschern der Vögel, auf das Rauschen des Windes hören und einfach in die Landschaft hineinschauen, dann können Sie einen Eindruck gewinnen von dem, was Sitzen ursprünglich bedeutet: ein friedliches Sitzen und Ausruhen. In diesem friedlichen Sitzen lesen Sie ein Buch. Oder Sie sitzen, um nachzudenken. Im Sitzen sind Sie ganz bei sich selbst. Zum deutschen Wort „sitzen" gehört auch das Wort „Nest". „Nest" heißt ursprünglich: „Niedersetzung". Wenn Sie so bequem sitzen, können Sie sich fühlen wie ein Vogel im Nest. Sie spüren Geborgenheit und Schutz.

Zu dieser Bedeutung des Sitzens gehört auch das Sitzen in der Stille, das Sitzen bei der Meditation: Ich sitze still, schweige und komme in Berührung mit dem inneren Raum der Stille. In der Zen-Meditation gibt es genaue Anweisungen, wie wir sitzen sollen: aufrecht und so, dass die Knie unterhalb des Beckens sind. Meistens sitzt man auf einem Kissen oder einem niederen Schemel. In der christlichen Tradition gibt es solche genauen Anweisungen nicht, aber es gibt doch zwei schöne Bilder dafür. Der Mönch, heißt es da etwa, soll sitzen wie ein Steuermann auf einem Schiff. Das Schiff, das von den Wellen und Wogen hin und her geworfen wird, ist ein Bild für die innere Unruhe: Der Mönch sitzt also mitten in der Bedrohung durch die Tiefen des Unbewussten, mitten in den Turbulenzen seines Alltags. Aber er lässt sich im Sitzen nicht aus der Fassung bringen. Er stellt sich der Unruhe. Das andere Bild: Der Mönch soll sitzen wie auf einem Tiger. Er sitzt auf dem wilden Tier, auf den Leidenschaften, die ihn bedrohen. Er setzt sich darauf, um sie zu reiten, um sie für sich zu nutzen. Er sitzt auf den Leidenschaften, ohne von ihnen besessen zu werden.

> Richten Sie sich manchmal bewusst auf beim Sitzen. Dann werden Sie Ihre Würde spüren. Und Sie werden innerlich nicht von anderen Mächten besetzt.

In der Bibel gibt es aber auch noch andere Bedeutungen des Sitzens: Sitzen kann eine Gebärde der Trauer sein. Hiob setzt sich in die Asche und betrauert sein Schicksal. Im Psalm 137,1 heißt es: „An den Strömen Babels saßen wir und weinten." Und in den Klageliedern: „Er sitze einsam und schweige, wenn der Herr es ihm auferlegt" (Klgl 3,28).

Aber es gibt auch eine positive und hoffnungsvolle Bedeutung: Sitzen bedeuten auch Thronen. Jesus hat seinen Jüngern verheißen: „Ihr werdet auf zwölf Thronen sitzen und die zwölf Stämme Israels richten" (Mt 19,28). Wir können dieses Sitzen in der Kirche auch während des Gottesdienstes üben. Wenn wir etwa bei den Lesungen sitzen, dann können wir uns vorstellen: Ich sitze auf einem Thron. Ich werde nicht von meinen Bedürfnissen und Leidenschaften beherrscht, sondern ich herrsche über mich. Ich habe in meinem Thronen teil an Jesus Christus, von dem es auch heißt, dass er auf dem Thron sitzt (Offb 5,13). Zugleich ist diese Form des Sitzens auch eine Haltung des Nachdenkens und des Lauschens: „Maria setzte sich dem Herrn zu Füßen und hörte seinen Worten zu" (Lk 10,39). Im Sitzen bin ich ganz im Hören. Und indem ich auf die Worte Gottes höre, spüre ich meine königliche Würde.

Wenn wir im Alltag sitzen, könnten wir bewusster diese Haltung einnehmen: als eine Haltung des Hörens, des Gesammeltseins, des inneren Friedens, des Genießens, aber auch als eine Haltung des Thronens. Richten Sie sich manchmal bewusst auf beim Sitzen, um Ihre Würde zu spüren. Sie werden nicht von anderen Mächten besetzt. Sie besitzen selbst die Macht über sich.

ESSEN UND TRINKEN –
ACHTSAM UND MIT GENUSS

Essen und Trinken gehören wesentlich zum Menschen. Sie halten, wie das Sprichwort sagt, „Leib und Seele zusammen". Ohne Essen und Trinken können wir nicht überleben. Aber wir können es sehr verschieden gestalten. Manche beantworten ihre Mails und essen dabei ihr Butterbrot oder Sandwich. Andere haben Hunger und wollen einfach nur möglichst schnell satt werden. Andere stopfen im Essen und Trinken ihre innere Leere zu. Wenn sie trinken, schütten sie einfach etwas in sich hinein, um den Durst zu löschen oder weil sie meinen, der Körper brauche eben die Flüssigkeit.

> Nur wer bewusst isst, der genießt das, was er isst. Gierige Menschen können nicht genießen.

Auch für Essen und Trinken gilt: Wir können das, was wir alltäglich tun, aber auch bewusst vollziehen. Wir Mönche essen schweigend, während wir der Tischlesung lauschen. Auch bei Meditationskursen laden wir die Gäste ein, schweigend zu essen. Das ist für viele eine neue Erfahrung, und sie lassen sich gerne darauf ein. Sie sind dann ganz beim Essen, beim Kauen, beim Schmecken. Sie genießen jeden Bissen, lassen sich Zeit, das, was sie essen, zu genießen.

Seit jeher beginnen die Menschen ihre Mahlzeiten mit einem Gebet oder einem Segen. Sie haben das Gespür dafür, dass wir in den Speisen Gottes gute Gaben genießen dürfen und dass es Gott gut mit uns meint. Der Tischsegen will uns dazu einladen, achtsam zu essen und bei jedem Kauen das Geheimnis zu spüren, dass etwas Fremdes uns einverleibt wird, dass sich das Essen in unserem Mund und dann in unserem Magen in etwas Eigenes verwandelt, in etwas, was uns stärkt und gesund hält. Das kurze Innehalten vor dem Essen gibt uns ein Gespür dafür. Wer bewusst isst, der genießt das, was er isst. Gierige Menschen, die alles nur hinunterschlingen, spüren nicht das Geheimnis, das uns aufgehen kann, wenn wir uns bewusst machen, wie viele Menschen mit daran beteiligt sind, dass wir das genießen können, was auf unseren Tisch kommt. Das verbindet uns auch mit all diesen Menschen, die vorbereitet, geerntet, verarbeitet oder zubereitet haben, was wir essen oder trinken. Es verbindet uns auch mit der Schöpfung, deren Gaben wir genießen, und drückt unsere Dankbarkeit aus. Eine solche Haltung, die wir auch in anderen Religionen finden, tut uns gut. Essen und Trinken, das ist also viel mehr als Kalorienzufuhr oder ein bloßes Füllen des Magens. Es ist immer auch etwas Heilsames, etwas, was uns gesund macht, unsere Verbundenheit verstärkt und uns dadurch auch für unseren Alltag Kraft gibt, uns erfrischt und anregt.

SCHMECKEN:
GUTES WAHRNEHMEN UND GENIESSEN

Schmecken als besondere Form der sinnlichen Wahrnehmung und des Genießens kann auch eine Erfahrung sein,
in der wir offen werden für die Transzendenz. Der französische Schriftsteller Marcel Proust hat beim Essen eines
süßen Gebäcks eine mystische Erfahrung gemacht: „In der
Sekunde nun, als dieser mit dem Kuchengeschmack ge-
mischte Schluck Tee meinen Gaumen berührte, zuckte ich
zusammen und war wie gebannt durch etwas Ungewöhnliches, das sich in mir vollzog. Ein unerhörtes Glücksge-
fühl, das ganz für sich allein bestand und dessen Grund mir
unbekannt blieb, hatte mich durchströmt." Marcel Proust
geht etwas vom Geheimnis des Seins auf. Wir können sogar
sagen: Er hat Gott geschmeckt. Und dieser Geschmack hat
sein Leben verändert: „Ich hatte aufgehört, mich mittelmä-
ßig, zufallsbedingt, sterblich zu fühlen." Er hat Gott zwar
nicht direkt erfahren. Aber indem er ganz im Schmecken
des süßen Kuchens war, ist ihm etwas von Gottes „dulce-
do" = „Süßigkeit" aufgegangen, hat er eine Qualität Gottes
erspürt und erahnt.

Zum Schmecken gehört übrigens auch das Riechen, auch
das ist ja ein emotionaler Sinn. Viele erinnern sich bei bestimmten Gerüchen an wichtige Erfahrungen ihrer Kindheit. Und im Gottesdienst benutzen wir Weihrauch, damit
wir Gottes Geruch wahrnehmen.

Das Schmecken ist auch ein ekstatischer Sinn: „Süßer als Wein ist deine Liebe", heißt es im Hohenlied (Hld 4,10).

Für die Römer entsteht Weisheit durch das richtige Schmecken („sapientia" kommt von „sapere" = „schmecken"). Weise ist der Mensch, der sich selbst schmecken kann und der deshalb einen angenehmen Geschmack bei den anderen hinterlässt. Nach einem oberflächlichen Gespräch haben wir einen faden Geschmack im Mund, während ein gelungenes Gespräch einen guten Geschmack hinterlässt. Und es gibt Menschen, die „schmecken" einem, d. h. sie tun einem gut. Was ist das Geheimnis eines Menschen, der uns schmeckt? Offensichtlich scheint da etwas durch, was uns vertraut ist, was wir in angenehmer Erinnerung haben. Aber vielleicht schmecken wir in dem Menschen auch etwas von der Liebe, die ihn durchströmt. Und nur der Mensch, der sich selbst genießen kann, wird uns letztlich schmecken. Wir kennen das Sprichwort: Wer nicht genießen kann, wird ungenießbar. Er ist letztlich immer unzufrieden und wird diese Unzufriedenheit auch nach außen hin ausstrahlen. Wir werden uns von so einem Menschen abwenden. Er vergällt uns den Genuss am eigenen Leben, aber auch den Genuss am Schönen, das uns Gott anbietet.

Etwas vom Geheimnis des Seins kann uns im Geschmack der Dinge aufgehen.

LESEN IST LEBEN

Manche Menschen erzählen mir, dass das Lesen am Morgen zu ihren festen Ritualen gehört. Wenn sie ein paar Seiten in einem Buch gelesen haben, ist das für sie wie Nahrung. Sie gehen mit den Gedanken, denen sie da begegnet sind, ganz anders in den Tag hinein. Das Lesen verändert sie, es hat ihre Augen geöffnet, ihnen eine neuen Blick auf das Leben gegeben. Es hat sie in Berührung gebracht mit einem tieferen Wissen und dem Vertrauen, das in ihrer Seele bereit liegt, von dem sie sich aber manchmal abgeschnitten fühlen.

Andere beklagen sich und meinen: „Ja, ich lese viel. Aber mein Leben ändert sich nicht. Ich kann gar nicht alles erfüllen oder umsetzen, was ich lese." Aber darum geht es auch nicht im Lesen: dass wir ständig neue Ratschläge bekommen, wie wir unser Leben ändern sollen. Für mich selber ist Lesen ein Eintauchen in eine andere Welt. Und als dieses Eintauchen ist es schon ein therapeutischer Akt: ein Akt, der mich auf ganz besondere Weise verwandelt. Denn Lesen stärkt mich innerlich und bereichert meinen Geist auf ganz eigene Weise. Anders als bei einem technischen Medium, beim Fernsehen etwa, ist der Zeitablauf nicht von der Technik bestimmt, sondern von mir. Ich stehe dabei über der Zeit, denn ich kann bei einer Stelle, die mich interessiert, verweilen, kann anderes übergehen und das Gelesene immer wieder mit den eigenen Vorstellungen verbinden und es so vertiefen. Das verlangt nicht nur, sondern ermöglicht und stärkt auch Konzentration, es regt die Phantasie an und inspiriert dazu, schöpferische Kräfte zu entfalten.

Wenn ich ein Buch lese, setze ich mich immer bequem auf einen Sessel. Ein Buch zu lesen ist für mich kein Studium, das ich am Schreibtisch vollziehe. Vielmehr gönne ich mir eine bequeme Haltung, in der ich das Lesen genießen kann. Dann lese ich, aber nicht, um neue Informationen zu bekommen, nicht, um mein Wissen zu vermehren. Ich lese, um an der Welt anderer teilzuhaben und mich dabei selbst auf neue Weise zu erleben und zu spüren.

> Lesend tauche ich in andere Welten ein und vertraue mich den Erfahrungen und Einsichten anderer an.

Ich lese manchmal alte Texte, etwa die Schriften von Kirchenvätern, die in einer ganz anderen Welt, einer ganz anderen Zeit gelebt haben. Ich tauche dann in ihre Gedanken, ihre Sicht der Wirklichkeit ein. Aber indem ich in ihre Welt eintauche, komme ich auch mit neuen Bereichen in meiner eigenen Seele in Berührung. Ich spüre, welche Möglichkeiten in meiner Seele bereitliegen. Mit diesem inneren Reichtum komme ich in Kontakt. Und dabei bekomme ich eine neue Sicht auf mein Leben, auf meine Fragen, auf meine eigene Suche. Das Lesen selbst schon verwandelt und bereichert.

Die kanadische Dichterin Margaret Atwood hat bei der Verleihung des Friedenspreises des Deutschen Buchhandels gesagt: „Schriftsteller, Buch und Leser – in diesem Dreieck stellt das Buch den Boten dar. Und alle drei sind Teil eines Schöpfungsaktes, ähnlich wie Komponist, Orchestermitglied und Zuhörer am Schöpfungsakt teilnehmen. Der Leser ist der Musiker des Buches."

Nicht nur mit dem schöpferischen Tun des Musikers, auch mit dem spirituellen Weg des Pilgerns kann das Lesen verglichen werden. In den „Aufrichtigen Erzählungen eines russischen Pilgers", dem berühmten Buch der russisch-orthodoxen Mystik, macht sich ein Starez auf den Weg der Pilgerschaft. In seinem Beutel hat er nur Hartbrot und Bücher. Pilgern wie lesen heißt also: unterwegs sein und sich Erfahrungen anderer aussetzen, sich lösen aus Fixierungen, sich auch innerlich wandeln.

> **Zweckfreies Lesen ist immer auch schon spirituell.**

Das gilt natürlich nicht nur für geistliche Texte. Aber diese Art des Lesens hat im spirituellen Zusammenhang eine lange Tradition. Das haben etwa die Mönche geübt, wenn sie von der „lectio divina" sprechen. Damit meinen sie das aufmerksame Lesen der Bibel. Sie lesen die Bibel nicht, um ihr theologisches Wissen zu vermehren, und auch nicht, um ihre Neugier zu befrieden. Sie wollen vielmehr erkennen, wer sie selbst sind. Und sie wollen im Lesen Gottes Herz in seinem Wort entdecken. Das gilt natürlich nicht nur für das Lesen der Bibel. Wir wollen ja letztlich nicht nur die Gedankenwelt des anderen erfahren, sondern immer auch mit dem Herzen des Autors in Berührung kommen, um so das eigene Herz auf neue Weise spüren zu können. Und in allen Worten, die wir lesen, klingt letztlich immer auch das Geheimnis des Menschen auf, das diese Welt übersteigt, das offen ist für die Transzendenz.

Worte können mich nähren. Ich fühle mich nach dem Lesen anders: gestärkt, befreit von dem Druck, immer imponieren zu müssen, immer etwas leisten zu müssen. Ich sehe von mir ab. Ich vertraue mich lesend den Erfahrungen und Einsichten anderer an und befreie mich so aus der Isolation. Ich gönne mir beim Lesen, einfach zu sein und das Geheimnis des reinen Seins zu erahnen. Solches zweckfreie und absichtslose Lesen ist also selber schon Leben. Und es ist immer auch schon ein spirituelles Tun, unabhängig davon, wie ich nach dem Lesen dann meinen Alltag lebe. Ich tue es nicht aus der Absicht oder dem Vorsatz, mein Leben zu verändern. Aber ich darf doch hoffen, dass es meinen Alltag verwandelt.

. . . .

Jeder Leser ist, wenn er liest,
ein Leser nur seiner selbst.

(Marcel Proust)

HÖREN MIT DEM OHR DES HERZENS

Vor lauter Lärm, der ständig auf uns einströmt, sind wir in Gefahr, das Hören zu verlernen. Wir nehmen unsere Umgebung oft nur als eine Geräuschkulisse wahr. Oft hören wir einfach weg, schalten ab. Hören ist aber ein aktiver, emotionaler Sinn. Er will uns Anteil geben an dem, der zu uns spricht. Wir hören Worte, aber auch die Stimme und die Stimmung, die uns in der Stimme des Sprechenden erreicht. Wir hören aus Worten die Absicht heraus, erspüren darin Nähe oder Distanz, Liebe oder Kälte, Verstehen oder Verschlossenheit. Damit Kommunikation gelingt, braucht es also ein gutes Hinhorchen, nicht nur auf die Worte, sondern auch auf die Zwischentöne, auf die Absicht, auf die emotionale Befindlichkeit des Sprechenden. Viele Gespräche misslingen, weil wir nicht zuhören können und in den Worten des anderen das Neue nicht heraushören, das uns vielleicht weiterbringen würde.

Martin Heidegger meint: „Hören führt in die Geborgenheit." Doch das gilt nur für ein aufmerksames Hören, das
nicht nur mit dem Ohr, sondern auch mit dem Herzen hört.
Das Hören ist ein empfangender Sinn. Im Hören dringt die
Welt in uns ein. Aber das Hören führt zugleich über diese
Welt hinaus. Es ist immer auch ein transzendenter Sinn. Es
übersteigt diese Welt. Wir hören immer auch das Unhörbare mit. Wir hören das Unantastbare, Unbegreifliche, Unver-
änderliche, Ewige – meint der Komponist Josef Matthias
Hauer.

> Wirkliches Hören kann
> mich verwandeln.

Aufmerksam hören meint: seinen Sinn ganz und gar auf
etwas ausrichten, etwas genau beachten, achtsam sein, mit
wachen Ohren hören. Wenn ich „ganz Ohr" bin für den anderen, aufmerksam auf den höre, der zu mir spricht, dann
höre ich nicht nur seine Worte. Ich höre den Menschen
selbst, nehme ihn wahr, spüre seine Emotionen. Und indem
ich ihm in meiner Zugewandtheit Resonanz gebe, höre ich
zugleich auf mich, auf die inneren Impulse, die der andere
in mir auslöst. Die Worte des anderen öffnen in mir einen
Raum, in dem ich mich selbst auf neue Weise erleben kann.
Viele hören nur, was sie wollen. Sie überhören Kritik und
nehmen nur die Worte wahr, die sie bestätigen. Doch das
ist kein wirkliches Hören. Hören will mich verwandeln. Im
Hören öffne ich mich für das Fremde, für das, was in mir

anklingen möchte. Und ich öffne mich auch für die Vielfalt der Töne, die in meiner eigenen Seele erklingen möchten. Da fühle ich mich nicht nur zugehörig zu dem, der mich anspricht. Ich fühle auch, dass alles, was in mir im Hören anklingt, zu mir gehört. Es bringt mich in Berührung mit dem inneren Reichtum meiner Seele.

Der hl. Benedikt beginnt seine Regel bekanntlich mit den Worten: „Höre, mein Sohn, auf die Weisung des Meisters, neige das Ohr deines Herzens, nimm den Zuspruch des gütigen Vaters willig an und erfülle ihn durch die Tat!" (RB Prolog 1). Der Mönch soll also wesentlich ein Hörender, ein Horchender sein. Er soll auf das Wort Jesu hören. Es gilt für uns alle: Bewusstes Hören zeichnet unser Menschsein aus.

Das Hören führt nach der Einsicht des hl. Benedikt nicht nur zum Gehorsam. Es führt auch zur Zugehörigkeit. Indem ich auf das Wort Jesu höre, fühle ich mich ihm zugehörig. Aber wir sollen dann auch reagieren, aktiv werden und in die Tat umsetzen, was wir hören. In der jüdischen Theologie war und ist das Hören auf das Wort Gottes sogar der Mittelpunkt des Glaubens. Gott ist hier vor allem der, der immer wieder in der Geschichte zu seinem Volk und zu einzelnen Menschen spricht. Und das Hören ist immer auch ein Sich-Erinnern an das, was war. „Was uns die Väter erzählten", das war die Norm für das Leben in der Gegenwart. Was Gott ihnen sagte, das hörten die Juden, um es zu befolgen. Was Gott sagt, muss getan werden. Das Tagesgebet der Juden beginnt daher auch mit den Worten: „Höre Israel!" (vgl. Dtn 6,4).

Bei den Griechen zielte das Hören weniger auf Gehorsam als auf ein Anteilnehmen an den Emotionen. Es hat für sie vor allem mit innerem Angerührtwerden zu tun: Im Aufeinanderhören werden unsere Emotionen angeregt, damit sie uns in Bewegung bringen. Musik berührt die Seele, und Worte stiften Beziehung. Das Schauen regt das Herz offensichtlich weniger an als das Hören. Blinde sind von Sachen getrennt, Taube von Personen.

> Im Schweigen können wir das Instrument unseres Ohrs immer wieder stimmen.

Um das Hören des Unhörbaren geht es bei vielen Denkern, die über das Hören nachdenken. Die Pythagoräer der griechischen Antike sprechen vom Weltenklang, von der „harmonia mundi". Der moderne Klangphilosoph Joachim-Ernst Berendt sagt Ähnliches: Das Ohr überschreitet, es transzendiert. Es geht hinüber „vom Hörbaren ins Unhörbare" (Berendt, Das dritte Ohr 74). Meist überhören wir diesen Klang des Kosmos, in dem Gott selbst hörbar wird. Und wir überhören ebenso die Stimmen in unserem eigenen Herzen. Wer Gott in seinem Herzen finden möchte, der muss mit dem inneren Ohr auf die leisen Impulse in seinem Inneren horchen. Berendt fordert uns auf: „Höre auf dich! Horche in dich hinein! Höre dich! ... Ge-höre dir!" (ebd. 108).

Unsere Aufgabe ist es, durch-zu-hören durch das Vordergründige, um die verborgene Harmonie in allem zu er-hören, um Gottes Stimme in und hinter allen Stimmen zu erhorchen. Um so hören zu können, müssen wir im Schweigen das Instrument unseres Ohrs immer wieder stimmen. Lärm überflutet ja nicht nur unsere äußere Umgebung. Oft genug hält er auch unser Inneres besetzt. Um die Stille als eine Quelle der Kraft zu erfahren, brauchen wir die Fähigkeit zu schweigen. Die Stille ist uns vorgegeben: Wir treten in einen stillen Raum und setzen uns an einem bestimmten Ort oder zu einer gewissen Zeit der Stille aus, die uns umgibt: der Stille des Waldes, der Stille des Abends oder der Stille des Morgens. Wir tauchen ein in die Stille, die schon vor uns da ist. Schweigen ist dagegen etwas Aktives. Ob ich bewusst nicht spreche oder ob ich die Gedanken zum Schweigen bringe: es ist ein Weg der Übung. Beides, Schweigen und Stille, gehört zusammen. Beides bringt mich nicht nur näher zu mir selbst; es macht mich auch frei von Bildern, die ich über mein Selbst gestülpt habe, und öffnet mich für eine andere Wirklichkeit: für Gottes Stimme.

Gottes Stimme ertönt in der Schöpfung, in allem, was an unser Ohr dringt: im Wind, im Rauschen der Bäche, im Regen, im Gesang der Vögel. In den Stimmen der Schöpfung können wir die Gestimmtheit der Welt erhorchen und darin Gott erahnen. Seine Stimme trifft mich aber vor allem im Wort. Das können innere Worte sein, die inneren Stimmen meines Herzens, meines Gewissens. Es können Worte sein, die ein anderer uns zuspricht. Es kann aber auch das Wort der Heiligen Schrift sein. Denn in der Bibel hat uns Gott sein Wort zugesprochen. Wenn ich Gottes Wort mit dem Ohr meines Herzens höre, dann kann mir darin Gottes Herz aufgehen. Dann ist das Wort nicht Information, über die ich nachdenken kann, sondern Kommunikation. Die Worte der Bibel sind für mich Worte eines Du, einer Person, die mit mir in Beziehung treten will. Daher ist es für mich wichtig, die Worte der Bibel als Worte zu meditieren, die Gott jetzt in diesem Augenblick ganz persönlich an mich richtet, in denen er mich anspricht. Wenn ich z. B. das Wort meditiere: „Fürchte dich nicht, denn ich habe dich ausgelöst, ich habe dich beim Namen gerufen, du gehörst mir" (Jes 43,1), dann stelle ich mir vor: Dieses Wort spricht Gott ganz persönlich zu mir. Ich bin gemeint. Das ist meine tiefste Wirklichkeit.

Hören kann zum Anklingen eines unendlichen Geheimnisses werden.

Was wir über das Hören sagten, gilt nicht nur für Worte, sondern in einem ganz konkreten Sinn auch für die Musik. Im Hören auf die Musik entdecke ich in mir Klangräume, die meine Seele öffnen. Im Hören auf die Musik werde ich offen für die Schönheit der Melodie, in der Gott selbst zu mir spricht, in der er in mir singt. Solches Hören kann zum Anklingen eines unendlichen Geheimnisses werden.

Ich gönne mir manchmal, am Sonntagabend auf meinem Zimmer mit dem Kopfhörer Musik zu hören. Dabei habe ich meine Rituale. Ich höre an ganz bestimmten Festen die jeweils passende Musik. Dann dringt die Musik in mich ein, und in der Musik werden die Worte – etwa in einer Bach-Kantate – für mich eine emotionale Wirklichkeit. Ich fühle mich berührt, angesprochen, verwandelt durch das in Musik gesetzte Wort. Solches Hören ist ein Geschenk. Denn diese Musik öffnet für mich ein Fenster zum Himmel. In einer solchen Musik übersteigen wir immer diese Welt und reichen hinein in die Welt Gottes. In jeder Musik hier auf Erden klingt etwas herüber von der himmlischen Musik, von Gott selbst, der nach Nicolaus Cusanus reine Harmonie ist.

Das Auge führt den Menschen in die Welt,
das Ohr führt die Welt in den Menschen ein.

(Lorenz Oken)

SEHEN – SCHÖNES SCHAUEN, TIEFER SEHEN

Im Deutschen unterscheiden wir zwischen „schauen" und „sehen". Schauen meint: etwas betrachten, etwas genau anschauen, ganz im Schauen sein. Das Wort kommt von der Wurzel „skeu" = „auf etwas achten, aufpassen". Das Wort „sehen" dagegen entspringt der indogermanischen Wurzel „sek" = „(mit den Augen) verfolgen". Es kommt aus der Jagdsprache. Ich verfolge das Reh mit meinen Augen. Manchmal benutzen wir die Worte heute fast gleichbedeutend. Aber wir sagen von Menschen, dass sie nicht richtig hinsehen, dass sie wegsehen von der Not der Menschen, dass sie ihre Mitmenschen übersehen. Oder sie übersehen ein Problem und geraten daher in große Schwierigkeiten. Wir sind heute mit so vielen Bildern konfrontiert, dass wir gerne wegsehen oder nicht richtig hinsehen und vieles auch übersehen. Wenn wir jedoch einen Menschen nicht übersehen, sondern ihn wirklich ansehen, vermitteln wir ihm Ansehen. Das tut ihm dann gut.

> Jemand nicht übersehen, sondern ihn wirklich ansehen: Das tut ihm gut.

Im Unterschied zur deutschen Sprache haben die Griechen viele Wörter für Schauen und Sehen. Die Griechen hatten einen feineren Sinn für das Schauen. Da gibt es das Wort „theasthai". Davon kommt auch das griechische Wort für Gott (theos). Gott ist wesentlich einer, den ich schauen kann. Natürlich wissen die Griechen, dass ich Gott nicht direkt anschauen kann. Aber ich schaue so auf die Welt, dass ich Gottes Schönheit darin entdecke. Gottes Herrlichkeit leuchtet in allem auf, was ich sehe. Dann gibt es das Wort „theorein". Davon kommt „theoria", das Schauspiel. Ein Schauspiel anzuschauen führt zur Reinigung der eigenen Emotionen. Es ist also ein Schauen, das mich verwandelt. Der griechische Philosoph Aristoteles erkennt im Schauspiel etwas Heilsames. Es führt zur Katharsis, zur Reinigung der Emotionen. Und das Schauspiel bringt die Menschen in Berührung mit ihrem wahren Wesen. Von den Menschen, die auf das „Schauspiel" des Kreuzes schauten, heißt es: „Sie schlugen sich an die Brust und gingen verwandelt nach Hause" (Lk 23,48). Im Schauen Jesu, des wahrhaft gerechten Menschen, kommen wir mit unserem wahren Selbst in Berührung, werden wir ausgerichtet auf unser wahres Selbst. Das verwandelt uns. Und wir gehen verwandelt in unseren Alltag zurück.

> Versuche, dich voll Liebe anzuschauen und an das Schöne in dir zu glauben. Du wirst auch das Schöne in den Mitmenschen erkennen, wenn du sie liebevoller anschaust.

Das deutsche Wort „schön" kommt von „schauen". Schönheit ist in der Tradition immer auch mit Liebe verbunden. Die Schönheit erzeugt Liebe. Und die Liebe erkennt die

Schönheit. Wenn ich mich selbst in Liebe anschaue, bin ich schön. Und wenn ich einen anderen liebevoll anschaue, entdecke ich in ihm seine Schönheit. Hässlich erscheint mir nur der, den ich hasse. Schauen und Schönheit gehören zusammen: Ich schaue (theasthai) in der Schönheit der Welt Gott als das Urschöne. So hat Plotin Gott genannt: In jedem Schönen schaue ich letztlich Gott als die Urschönheit. Ich sehe die Spuren Gottes in seiner schönen Welt. Wenn ich das Schöne meditiere und betrachte, dann verwandelt es mich. Es bringt mich mit dem Schönen in mir in Berührung. Dann kann ich verwandelt in den Alltag gehen.

Martin Walser hat einmal sagt: „Etwas schön zu finden ist eine mich übersteigende Fähigkeit. Nie bist du so wenig allein, wie wenn du etwas schön findest. Solange du etwas schön findest, bist du erlöst. Erlöst von dir." Das Schauen des Schönen befreit uns von dem Kreisen um uns selbst. Es macht uns fähig zur Liebe. Es erzeugt in uns Liebe. Der irische Schriftsteller John O'Donohue nennt die Schönheit daher „die Heimat des Herzens". „Wenn es in Schönheit weilen kann, ist das Herz daheim."

Im Sommer und vor allem im Urlaub wäre es eine gute Übung, sich einfach Zeit zu nehmen und das Schöne anzuschauen. Es kann zum Beispiel die Schönheit der Landschaft sein. Wenn ich mir Zeit nehme, werde ich merken, wie mir das Schauen guttut, wie es mich mit der Schönheit in mir selbst in Berührung bringt. Oder ich gehe in ein Museum und bleibe lange vor einem Bild stehen und lasse es auf mich wirken. Die wahrgenommene Schönheit rich-

Komm in Berührung mit deiner eigenen Schönheit.

tet mich auf. Ich gehe verwandelt von dem Bild weg. Aber es gibt auch in unserer Umgebung viel Schönes. Wenn ich etwa in meine Wohnung schaue: Welchen Raum finde ich besonders schön? Oder welche Bilder schmücken meine Wohnung? Oder in meiner weiteren Umgebung, etwa meiner Stadt. Alexander Mitscherlich hat in den 1960er Jahren ein Buch über die Unwirtlichkeit der Städte geschrieben und beklagt, dass nach dem Krieg oft vergessen wurde, dass jede Stadt ein Herz hat. Man kann das Herz nicht herausreißen. Aber heute haben viele Städte wieder ein Gespür für ihre gewachsene Schönheit entwickelt. Betrachten Sie einmal alte Häuser und die Schönheit, die auf ihre Umgebung ausstrahlt. Oder setzen Sie sich einmal in eine Kirche. Mitten in einer Stadt eine Kirche zu haben, in die wir uns hineinsetzen und deren Schönheit wir bestaunen können, ist eine Wohltat, die über Jahrhunderte hinweg die Menschen erreicht. Die Humanisierung einer Gesellschaft hat viele Aspekte. Auch das Schöne gehört dazu. Wir dürfen es nicht gegen soziale und karitative Aspekte ausspielen.

Simone Weil, die sich unermüdlich für die ungerecht behandelten Arbeiter in Frankreich eingesetzt hat, sprach davon, wie sehr sie immer wieder die Erfahrung des Schönen brauchte, um ihren Einsatz durchzuhalten. Wir leben nicht nur vom Brot, es ist auch die Schönheit, die uns nährt. „Die Schönheit wird die Welt retten", hat Dostojewskij gesagt.

LIEGEN, EINE WOHLTAT

Es ist eine Ursehnsucht des Menschen, zur Ruhe zu kommen. Viele wünschen sich in der Hektik der Arbeit, dass sie ausruhen können, und freuen sich auf den Abend. Aber viele sind auch unfähig, nach der Arbeit zur Ruhe zu kommen. Sie grübeln ständig nach, was sie anders hätten machen sollen oder können. Oder sie erinnern sich an alles, was sie noch tun müssten. Die Frage ist, wie wir zur Ruhe kommen können. Da kann es schon helfen, sich körperlich zu entspannen und sich einfach hinzulegen.

Nicht erst am Abend können wir uns niederlegen, für die Nacht. Für uns im Kloster ist es ein Privileg, dass wir einen kurzen Mittagsschlaf halten können. Viele können sich das während der Arbeit nicht gönnen, auch weil die äußeren Umstände vielleicht schwierig sind. Aber auch dann wäre es gut, wenn wir uns für einige Minuten flach hinlegen könnten.

> Jetzt brauche ich gar nichts zu tun, nichts zu denken, nichts zu leisten. Ich bin einfach nur da.

Das flache Liegen entspannt auf jeden Fall noch mehr als das Sitzen. Wir lassen uns ganz los. Wir spüren die Auflagefläche des Bettes oder des Bodens und stellen uns vor: Ich liege nicht nur auf dem Bett oder auf dem harten Boden, sondern ich liege in Gottes Hand. Ich bin gehalten. Ich darf sein, wie ich bin. Ich bin getragen, angenommen, geborgen. Wenn ich es so erlebe, dann wird das kurze Liegen zu einer Wohltat. Und wenn ich aufstehe, habe ich wieder neue Kraft und Lust, das anzupacken, was jetzt ansteht.

Am Abend dann, zum Schlafen, legen wir uns alle nieder. Meistens denken wir nicht darüber nach, was wir im Liegen zum Ausdruck bringen. Für viele ist es einfach nur die natürliche Haltung beim Schlafen. Aber auch da gibt es die verschiedensten Möglichkeit und ganz unterschiedliche Lagen, in denen die Menschen schlafen. Die einen legen sich auf die Seite. Sie kuscheln sich zusammen. Sie drücken in dieser Lage oft die Haltung des Embryos im Mutterleib aus. Es ist eine Haltung der Geborgenheit. Manche umarmen sich selbst in dieser Haltung und genießen nach den Herausforderungen des Tages, dass sie ganz für sich sind, bei sich selbst daheim. Ich kann diese Haltung aber auch spirituell deuten. Ich stelle mir vor, dass Gott mich wie eine liebende Mutter umarmt, dass ich bei Gott geborgen bin.

Andere liegen auf dem Rücken. Für mich selber ist die Rückenlage immer auch eine Lage der Meditation. Wenn ich nach einigen Gesprächen müde in mein Zimmer komme, lege ich mich eine Viertelstunde aufs Bett. Dabei liege ich auf dem Rücken. Ich genieße die Schwere, die mir die

Müdigkeit schenkt. Und ich stelle mir vor: Jetzt brauche ich gar nichts zu tun, nichts zu denken, nichts zu schreiben. Ich bin einfach nur da. Ich gönne es mir, mitten am Tag 15 Minuten lang nur zu ruhen. Das tut mir gut. Wenn ich nachts aufwache, lege ich mich oft auch auf den Rücken und lege meine Hände auf die Brust und bete das Jesusgebet. Dann stört mich mein Aufwachen nicht. Ich genieße dann die Ruhe im Bett und fühle mich durch das Jesusgebet umgeben von Liebe und Zärtlichkeit.

4

Vom Glanz der Dinge – Neuer Blick auf das Gewöhnliche

Wir tragen Uhren, Ringe, Anhänger. Wir richten unsere Wohnungen ein mit Schränken, Tischen und Stühlen. Solche Gegenstände können reine Gebrauchsgegenstände sein. Doch sie können auch zum Symbol werden für etwas Größeres. Sie können Träger werden für unsere Sehnsucht nach mehr, nach Geborgenheit, nach Heimat, nach erfülltem Leben, nach Glück. So kann alles, was uns im Alltag begegnet, zum Bild werden für das Geheimnis unserer menschlichen Existenz und für das Geheimnis unseres Lebens.

Gott spricht nicht nur durch das Wort der Bibel und auch nicht nur durch Menschen. Er spricht zu uns auch durch die Dinge. Die Dinge des Alltags können transparent werden für unsere Beziehung zu Gott. In vielen Dingen können wir die Sehnsucht erkennen nach Verwandlung, nach Verzauberung unseres Lebens. In den Glocken hören wir nicht nur nicht nur die Angabe der Tageszeit oder die Einladung zu einer festlichen Versammlung, sondern in ihrem Klang tönt uns die Sehnsucht nach einem himmlischen Frieden entgegen. Im Ring erahnen wir, dass Gott alles in uns abrunden und alles Brüchige zusammenbinden möchte. Der Tisch, der Stuhl, der Sessel, in all diesen Dingen steckt die Sehnsucht nach mehr, nach wahrem Leben, nach Geborgenheit, nach Einklang mit uns selbst. Es braucht nur Aufmerksamkeit, wache Augen oder offene Ohren, um in allen Dingen die Sehnsucht nach mehr zu erkennen. Der romantische Dichter Joseph von Eichendorff spricht von einem Lied, das in allen Dingen schläft:

„Schläft ein Lied in allen Dingen,
Die da träumen fort und fort,
Und die Welt hebt an zu singen,
Triffst du nur das Zauberwort."

In allen Dingen schläft ein Lied, das uns über diese Welt
hinausträgt. Aber es braucht ein Zauberwort, um dieses
Lied in allen Dingen erklingen zu lassen. Wir brauchen
Achtsamkeit und die passenden Worte, um das, was in
jedem Gegenstand unseres Lebens an Sehnsucht schlum-
mert, wachzurütteln und uns ins Bewusstsein zu bringen.
Wenn ich im Folgenden solche konkreten Dinge des Alltags anschaue, beschränke ich mich bewusst auf einfache
Dinge, die seit Jahrhunderten schon erfüllt sind mit den
Erfahrungen, die die Menschen damit gemacht haben, und
mit der Sehnsucht, die sie in sie hineingelegt haben. Sie
sind gleichsam angereichert durch all das, was Menschen
damit erlebt und was sie damit an Wünschen und Ahnun-
gen verbunden haben. Natürlich – und das wird von der
Werbung auch ganz gezielt angesprochen – kann auch ein
Auto, ein Handy, ein PC in uns Sehnsüchte wecken. Doch
diese technischen Dinge haben in der Regel einen ganz
pragmatischen Nutzwert und sind noch nicht angereichert
durch die Erfahrungen von Menschen seit Hunderten von
Jahren. So möchte ich einige solcher Dinge aus unserer ge-
wohnten Umgebung betrachten, um Sie einzuladen, viele
Dinge, die auch Ihnen im Alltag begegnen, auf ähnliche
Weise zu meditieren.

GLOCKEN –
STOFF DER ERDE, GOTTES KLANG

> Mitten im Alltag wird eine
> andere Stimme hörbar.

„Meine Stimme ist die Stimme des Festes. Eine Erquickung für die Traurigen ist mein Tönen". So lautet die Inschrift auf einer Glocke aus dem 14. Jahrhundert. Glockenklang kann Freude und Trauer ausdrücken. Wenn in unserem Kloster ein Mitbruder gestorben ist, dann werden tagsüber alle Glocken geläutet. Alle Mitbrüder und auch die Anwohner um das Kloster herum wissen dann, dass einer aus unserer Mitte gestorben ist. Glocken lassen uns achtsam werden auf das, was ist, und auf das, was war. So gibt es in vielen Städten ein Erinnerungsläuten. Es werden etwa am Jahrestag der Zerstörung Würzburgs im Zweiten Weltkrieg in der Stadt alle Glocken geläutet. Sie erinnern an die Zerstörung, und zugleich mahnen sie uns zum Frieden. Auch zu freudigen Ereignissen erklingen die Glocken: Das war etwa nach dem Weltkrieg so, als der Frieden „eingeläutet" wurde. Und noch heute hören wir festliches Geläute, wenn ein Papst gewählt worden ist. Und auch der Sonntag oder ein Festtag werden in vielen Gemeinden am Abend vorher eingeläutet.

Glocken gelten als die ältesten Musikinstrumente der Kulturgeschichte. Schon vor über 5000 Jahren gab es in China Glocken, für die zunächst Klingsteine und später

Klangschalen verwendet wurden. Sie spielten bei religiösen Handlungen eine wichtige Rolle und waren insbesondere mit dem Kaiserkult verbunden. Im Westen sind die Glocken vor allem durch die irischen Mönche verbreitet worden. Bald waren sie Bestandteil unserer Kirchtürme, riefen zum Gebet oder luden ein zum Gottesdienst.

Auch wenn sie inzwischen nicht mehr von Hand, sondern elektrisch in Schwingung gebracht werden: Da wird mitten in der Hektik des Alltags eine andere Stimme hörbar. Sie hebt auch die Vereinzelung auf und verbindet die Menschen unter ihrem Ruf zu einer Gemeinschaft. Gerne bleibe ich stehen, wenn ein Geläut in der Nähe erklingt. Manchmal höre ich im Gebirge von weither die Glocken einer Kirche. Ihr Klang überbrückt das Tal und lässt die Menschen auch in der Ferne still werden, innehalten und hören. Glocken waren immer schon Symbol für die Verbindung von Himmel und Erde und Sinnbild einer größeren Harmonie. Sie sind aus dem Stoff der Erde gegossen. Aber der irdische Stoff lässt gleichsam den Himmel über uns erklingen. Auch jenseits der Gottesdienstzeiten erinnern sie daran, dass Gott die eigentliche Wirklichkeit unseres Lebens ist.

Glocken sind Symbol der Harmonie, sie wollen aufwecken zum Frieden.

In buddhistischen Tempeln habe ich miterlebt, wie die verschiedenen Glocken geschlagen werden. Jede Glocke hat eine andere Bedeutung. Am Anfang steht ein langes Glockenläuten, und das Ganze folgt einem komplizierten Ritus. Ein Mönch schlägt nacheinander die einzelnen, verschieden großen Glocken. Er weckt mit der einen Glocke alle Tiere auf, mit der anderen die Pflanzen, mit der dritten die Menschen. Und es gibt eine Glocke, die die Steine zum Klingen bringen soll. Die Glocken bringen also etwas in Schwingung. Die ganze Welt mit allen Lebewesen und aller

Materie wird aufgeweckt und eingeladen, Gott zu preisen. Und die Glocken laden den gesamten Kosmos ein, friedlich miteinander eins zu werden und in Frieden miteinander zu leben. Sie drücken die Harmonie der Welt aus und tragen dazu bei, dass alles miteinander in Harmonie zusammenklingt. Die Idee dahinter ist: Der Klang Gottes soll alle Geschöpfe erreichen und sie zum Frieden führen.

> Etwas Heilsames für die Welt,
> etwas Geheimnisvolles geht von
> Glocken aus.

Im christlichen Bereich haben Glocken oft die Namen von Heiligen oder aber von Attributen, die wir Jesus zuordnen. Da gibt es die Salvatorglocke oder die Marienglocke oder die Sebastianglocke. Diese Glocken sollen etwas vom Geist Jesu und der Heiligen in unsere Welt hineintragen. Dann gibt es eigene Glocken, die zum Angelus – zum „Engel des Herrn" am Morgen, Mittag und Abend – läuten. Und bestimmte Glocken werden geläutet, die uns vor schlechtem Wetter, vor Gefahren oder auch vor dämonischen Mächten bewahren sollen. Glocken haben immer eine schützende Funktion gehabt. Und zugleich wollen sie uns daran erinnern, dass wir Gott die Ehre erweisen. Nach altem Verständnis dienen Glocken zum einen der Abwehr der Dämonen, zum anderen laden sie uns zum Beten ein. Sie erklingen zum Beginn des Gottesdienstes und laden ein zur heiligen Handlung. In unserer Abteikirche werden die Glocken aber auch zur Wandlung geläutet. Sie erinnern so die Menschen, die nicht an der Eucharistie teilnehmen, an das heilige Geschehen. Und in fast allen Dörfern und Städten werden seit alters die Glocken zum Angelus, zum Engel des Herrn geläutet, der dreimal am Tag, morgens, mittags und abends gebetet wird. So rhythmisieren die Glocken den Tag. An vielen Kirchen gibt es Uhren, bei denen jede Viertelstunde ein Glockenschlag ertönt und die Glocke zur vollen Stunde die jeweilige Uhrzeit anzeigt. Wir können das als eine Aufforderung zur Achtsamkeit verstehen. Denn achtsam leben heißt nichts anderes, als die Ohren zu öffnen und auf das aufzumerken, was man sonst überhört. Es bedeutet: die Welt neu zu erfahren.

Wenn das festliche Glockengeläute eines Domes erklingt, dann ist da auch eine Ahnung, dass vom Glockengeläute etwas Heilsames ausgeht für diese Stadt, ja für die ganze Welt. Als während der Kriege viele Glocken eingeschmolzen und aus ihrem Metall Waffen gemacht wurden, haben viele Menschen das als schmerzlich empfunden. Im Ersten Weltkrieg war so die Hälfte aller Kirchenglocken vernichtet worden, im Zweiten Weltkrieg zerstörten die Nationalsozialisten 50.000 Glocken. Bereits 1936 hatte Reinhold Schneider gewarnt: „Verlieren die Glocken ihre Gewalt über den Lärm, die Türme die Herrschaft über die Dächer, so ist keine Hoffnung und kein Leben mehr."

Das Geheimnisvolle, das Glocken für uns haben, hängt zutiefst mit dem zusammen, woran sie erinnern: achtsam darauf zu sein, dass das äußere Tun nicht alles ist. Ihr Klang möchte uns mitten im Alltag öffnen für das Geheimnis, das uns übersteigt und uns zugleich immer und überall umgibt. Es macht uns bewusst, dass Gottes Gegenwart uns wie ein heilender und Geborgenheit schenkender Ton umgibt. Es ist gut, sich von diesem kraftvollen Tönen in eine andere Welt tragen zu lassen, in die Welt der Liebe und des Segens, in die Welt des barmherzigen Gottes, der mit dem schönen Klang der Glocken den Lärm negativer Gedanken vertreiben möchte, damit wir wieder offen werden für Seine Stimme – mitten in unserem Alltag.

Darum verlange nie zu wissen,
wem die Stunde schlägt.
Es gilt dir selbst.

(John Donne)

WASSER –
ERNEUERUNG UND FRUCHTBARKEIT

„Wasser ist Leben" (Antoine de Saint-Exupéry): Das stimmt schon deswegen, weil wir ohne Wasser nicht überleben würden. Als Symbol des Lebens und der Erneuerung ist Wasser ein kulturübergreifendes Symbol. Es ist Mittel zum Leben, hat heilsame Kraft für den Körper, drückt aber auch das geistige Leben und die geistige Fruchtbarkeit des Menschen aus. Wasser hat die Menschen wohl auch deswegen immer fasziniert. Ich selber bleibe im Gebirge auch heute noch immer staunend vor einem Wasserfall stehen, dessen Wasser seit Jahrtausenden herunterströmt und die Felsen glatt geschliffen hat. In frühen Zeiten war das Wasser heilig. Auf der einen Seite hat man seine Leben spendende Kraft erfahren, auf der anderen Seite wusste man aber auch um seine zerstörerische Macht, wenn reißende Fluten ganze Gegenden überschwemmten und Häuser mit sich rissen.

> Wasser ist überlebensnotwendig.

Wir brauchen in unserer Wohlstandswelt nur den Wasserhahn aufzudrehen, dann strömt das Wasser aus der Leitung. Wir können uns mit dem Wasser waschen, wir können mit ihm das Zimmer reinigen. Und wir können das Wasser trinken, um unseren Durst damit zu löschen. Für uns ist das Wasser zum Gebrauchsobjekt geworden.

Wenn es im Sommer heiß wird, sehnen wir uns nach frischem Wasser. Wir sehnen uns nach einem kühlen Trunk, aber auch danach, in einem See zu baden. Wasser hat schon immer eine große Anziehungskraft auf einzelne Menschen ausgeübt. Da gibt es Menschen, die stundenlang am Meer sitzen und die Kraft der Gezeiten betrachten. Andere setzen sich gerne warmen Heilquellen aus. Wieder andere sitzen lieber an einem See und spüren die Ruhe, die das Wasser verströmt. An einem Fluss zu sitzen und dem Wasser zuzusehen vermittelt wieder ein anderes Gefühl: Alles fließt. So wächst in mir die Hoffnung, dass alles, worum ich mich momentan sorge, einfach wegfließt.

> Über alle Kulturen hinweg:
> Wasser ist heilig und reinigend.

Auch kulturell ist Wasser eine faszinierende Wirklichkeit. Flüsse und Quellen wurden und werden in vielen Religionen als heilige Orte angesehen. Sie wurden mit dem Beginn des Lebens, aber auch mit seiner Erhaltung in Verbindung gebracht. In der jüdisch-christlichen Tradition spielt das Wasser eine große Rolle. In der Osternacht erinnert das Gebet über das Taufwasser an das Geschenk des Wassers, von dem uns die Bibel an vielen Stellen erzählt: „Segne dieses Wasser, das uns an deine Sorge für uns Menschen erinnert. Im Anfang hast du das Wasser erschaffen, damit es der Erde Fruchtbarkeit bringt und uns Menschen zum frischen Trunk und zum reinigenden Bad wird. Du hast das Wasser in Dienst genommen für das Werk deines Erbarmens: Im

Roten Meer hast du dein Volk durch das Wasser aus der Knechtschaft Ägyptens befreit, in der Wüste mit Wasser aus dem Felsen seinen Durst gestillt. Die Propheten sahen im Bild des lebendigen Wassers den Neuen Bund, den du mit uns Menschen schließen wolltest. Durch das Wasser, das Christus im Jordan geheiligt hat, reinigst du im Bad der Taufe den sündigen Menschen und schenkst ihm das neue Leben deiner Kinder."

Über alle Kulturgrenzen hinweg ist wichtig: Wasser reinigt. Es gibt in vielen Religionen Reinigungsbäder oder Reinigungsriten. Man wäscht sich mit Wasser. Dabei geht es nicht nur um die körperliche Reinigung, sondern um eine innere Reinigung von Schuld und von allem, was unser wahres Selbst befleckt und verdunkelt. Es ist offensichtlich ein Urbedürfnis des Menschen, sich nicht nur von äußerem Schmutz, sondern auch von der Befleckung durch Schuld zu reinigen. Dieses Bedürfnis wird auch im Taufritus aufgegriffen. In der Taufe werden wir von all den Bildern gereinigt, die andere uns überstülpen, und von all dem, was den inneren Glanz unserer Seele verdunkelt. Indem wir beim Betreten der Kirche Weihwasser nehmen, erinnern wir uns an die Taufe. Wir reinigen uns von allem, was unseren ursprünglichen Glanz trübt. Ähnlich geht es uns nach einem kühlen Bad. Wir fühlen uns erfrischt. Aber im See zu schwimmen erinnert uns auch an den Mutterschoß, in dem wir uns im Mutterwasser geborgen fühlten. In vielen Kulturen stehen das Wasser, der Mond und das weibliche Prinzip in einem engen symbolischen Zusammenhang.

Vom Geheimnis des Wassers und vom achtsamen Trinken.

Das Sprichwort sagt: „Steter Tropfen höhlt den Stein." Ein Tropfen Wasser scheint keine Kraft zu haben. Aber wir können es bei Gebirgsbächen und Wasserfällen beobachten, wie das Wasser den harten Felsen abschleift und weiche Formen entstehen lässt. Von der Weichheit des Wassers zu lernen heißt: Wir sollen gegen das Starre und Harte nicht mit Härte kämpfen, sondern die Kraft des Weichen dagegensetzen. Das gilt auch für den Kampf mit uns selbst. Auch unsere Fehler können wir nicht gewaltsam vertreiben. Wir sollen dem Wasser der Gnade vertrauen, das alles Harte aufweicht und uns von allem, was uns beschmutzt, reinigt.

Die Religionen – und auch viele Märchen – wissen um das Wasser des Lebens, das Wasser, das gesund macht und Leben spendet. Und die Religionen wissen um die befruchtende Kraft des Wassers. Ohne Wasser wächst nichts. Ohne Wasser wäre die Erde öd und leer. Daher ist es ein Segen, wenn es regnet oder wenn man an Flüssen oder Seen wohnt, in denen genügend Wasser vorhanden ist, um seine Felder zu bewässern.

Wie aber gehen wir im Alltag mit dem Wasser um? Für viele ist es zu billig, nur Wasser zu trinken. Es muss schon Bier oder Wein sein oder eine Limonade. Aber gerade das klare Wasser zu trinken hat für mich eine eigene Qualität. Wenn ich das Wasser langsam und bewusst trinke, dann erinnere ich mich an die Worte der Bibel, dass Gott Wasser auf den dürstenden Boden gießt (Jes 44,3). Das Wasser will mich befruchten. Und ich erinnere mich an die Worte Jesu vom lebendigen Wasser, das er uns gibt und das uns nicht mehr dürsten lässt (Joh 4,13f). Das Wasser, das uns Jesus schenkt, wird in uns zu einer Quelle, die nie versiegt.

Wir sehnen uns, indem wir das Wasser betrachten, danach, dass Gott auch unser Leben Frucht bringen lässt, dass mitten in der Wüste unseres Lebens Quellen entstehen und Brunnen unsere Wüste befruchten – so wie es den Israeliten verheißen wurde: „Ich lasse in der Steppe Wasser fließen und Ströme in der Wüste, um mein Volk, mein erwähltes, zu tränken" (Jes 43,20).

Solche Worte helfen mir, das Geheimnis des Wassers zu erahnen, wenn ich es achtsam trinke. Ich trinke nicht nur ein erfrischendes, köstliches Nass, sondern das lebendige Wasser, in dem der Heilige Geist selbst in mich einströmen möchte.

Alle Welt weiß:
Schwaches zwingt Starkes,
Weiches zwingt Starres,
doch niemand handelt danach.

(Laotse)

WEIN – GESCHENK DES HIMMELS, GESCHMACK DER ERDE

> Herz und Liebe liegen im Wein.

Der Wein wurde in allen Kulturen als Geschenk des Himmels und der Erde gesehen. Die Bibel versteht ihn als Geschenk Gottes an den Menschen, als Bild für alle Gaben seines Wohlwollens. Der Wein trägt in sich aber auch die Kraft der Erde, auf der er wächst. Und er verlangt eine besondere Kultur von denen, die ihn genießen wollen.

Von Poeten aller Zeiten wird die Kraft des Weins gerühmt, und auch bei spirituellen Autoren ist das Lob des Weins immer auch mit der Liebe verbunden. Der Wein vertieft die Liebe. Liebende trinken ihn und erfahren so ein tiefes Miteinander. Jesus verwandelt bei der Hochzeit zu Kana Wasser in Wein. Für das Johannesevangelium ist das ein Bild für die Menschwerdung Gottes. Wenn Gott Mensch wird, feiert er mit den Menschen Hochzeit und verwandelt das schal gewordene Lebenswasser der Menschen in Wein. Das Leben bekommt so einen neuen Geschmack: den Geschmack der Liebe. Jesus hat seine Botschaft in einem Bildwort auch mit dem Wein verglichen. Es ist eine neue Botschaft. Sie braucht wie der neue Wein auch neue Schläuche. Sie kann nicht einfach in den alten Formen gelebt werden. Und Jesus gibt dem Wein eine neue Bedeutung, indem er beim letzten Abendmahl den Wein mit seinem Blut identifiziert, das er im Tod aus Liebe für uns vergießt. So dürfen wir in der Eucharistie im Wein die menschgewordene Liebe Gottes trinken und uns davon durchdringen lassen. Dann können wir leibhaft erfahren, dass wir ganz und gar geliebt sind.

Dass Gott es gut meint mit dem Menschen und ihm daher den Wein schenkt, „der das Herz des Menschen erfreut", wie es Psalm 104 ausdrückt, ist biblische Aussage. Die Propheten verheißen dem Volk, das in Gefangenschaft sitzt, dass Gott es befreit. Er wird auf seinem heiligen Berg ein Festmahl halten „mit den feinsten Speisen, ein Gelage mit erlesenen Weinen" (Jes 25,6). Das Heil, das Gott dem Menschen bereitet, wird also im Trinken von kostbaren Weinen erfahren.

Wein, diese Gottesgabe, trägt in sich die Kraft, aber auch den Geschmack der Erde, auf der er wächst. In jeder Gegend hat der Wein einen anderen Geschmack und spiegelt so etwas vom Wesen der jeweiligen Landschaft wider. Er ist ein Geschenk Gottes an den Menschen, in dem wir seine Güte schmecken dürfen. So wie ich in der Musik das Unhörbare erahnen kann, so kann ich auch im Wein Gottes süßen Geschmack schmecken.

> Wein kann man miteinander
> nur gut trinken, wenn man dem
> anderen Gutes wünscht.

Wein trinkt man gemeinsam und ohne Hast. Da entsteht eine angenehme und fröhliche Atmosphäre. Man stößt an und sagt zueinander: „Prosit", das heißt: „Es nütze dir, es helfe dir, es werde dir zum Heil, es schenke dir Gesundheit, Frieden, Glück."

Man kann Wein miteinander tatsächlich nur gut trinken, wenn man dem anderen Gutes wünscht, ihn also mit Wohlwollen betrachtet. Man genießt auch miteinander, indem man den Wein riecht, ihn gemeinsam kostet, ihn schmeckt und auch über ihn spricht. Martin Walser sagt einmal: „Der Wein wird durch den Mund des Gastes gut." Trinken in einer negativen Stimmung führt in der Regel zu Streit. Weintrinken braucht also nicht nur Kultur, Langsamkeit und Achtsamkeit. Es verlangt auch eine ethische Grundhaltung: die Haltung des Wohlwollens, der Liebe und der Wertschätzung des anderen. So kann es uns miteinander verbinden. Ein alter Spruch heißt: In vino veritas – im Wein steckt Wahrheit. Das kann man verschieden auslegen. Einmal bedeutet es: Der Wein spiegelt die Wahrheit seines Entstehens wieder. Er hat in sich den Geschmack der Erde, aus der er wächst, und die Zeit, in der er reift. Aber der Wein löst auch die Zunge, sodass im gemeinsamen Gespräch die eigene Wahrheit zum Vorschein kommt. Man kann beim Weintrinken nicht irgendetwas reden. Es soll ein Gespräch sein, das dem anderen die eigene Wahrheit offenbart. Und noch in einem anderen Sinn zeigt der Wein die Wahrheit eines Menschen. In der Art und Weise, wie ein Mensch den Wein trinkt, wird sein Wesen offenbar. Da zeigt sich, ob er ihn genießen kann, ob er das rechte Maß einhält – oder aber ob er den Wein gierig trinkt und mit dem Wein seine schlechte Laune vertreiben bzw. ertränken muss.

> Es braucht seelische Kultur, um Wein zu trinken.

Wer sich mit Wein betrinkt, wer ihn nur in sich hineinschüttet, um sich zu betäuben, der erlebt den Wein nicht mehr als etwas, was uns mit anderen verbindet, und auch nicht als Geschenk Gottes, mit dem er unser Herz erfreuen will. Der Weisheitslehrer Jesus Sirach, der griechische und jüdische Weisheit miteinander verbindet, zeigt, wie wir den Wein kultiviert genießen können: „Wie ein Lebenswasser ist der Wein für den Menschen, wenn er ihn mäßig trinkt. Was ist das für ein Leben, wenn man keinen Wein hat, der doch von Anfang an zur Freude geschaffen wurde? Frohsinn, Wonne und Lust bringt Wein, zur rechten Zeit und genügsam getrunken. Kopfweh, Hohn und Schimpf bringt Wein, getrunken in Erregung und Zorn. Zu viel Wein ist eine Falle für den Toren, er schwächt die Kraft und schlägt viele Wunden" (Sir 31,27–30).

An all das können wir denken, wenn wir miteinander Wein trinken. Wir ahnen dann etwas von dem Geschenk, das uns Gott im Wein bereitet hat.

BROT – ES GEHT UM UNSER LEBEN

Brot ist seit Jahrtausenden das Grundnahrungsmittel der Menschen. Brot und Wasser zu haben bedeutet, überleben zu können. Brot und Salz symbolisieren bis heute Wohlstand. Und Brot und Wein verweisen auf das festliche Miteinander der Menschen. Das Brot ist also voller spiritueller und ritueller Bedeutungen.

Heute ist mit der Industrialisierung der Nahrung auch das Brot ein Teil dieser Technisierung der Welt geworden. Es gibt unzählige Brotsorten, es gibt Brotfabriken, und zum Teil werden sogar in China Teiglinge für die Konsumenten in Europa hergestellt. Die Erfahrung von Menschen, die den Hunger noch erlebt haben, in Jahren der Not und des Krieges, und die daher zum Lebensmittel Brot eine ganz besondere Beziehung haben, wird von jüngeren Menschen, die in der Konsum- und Überflussgesellschaft groß geworden sind, oft kaum mehr verstanden.

> Die alten Brot-Weisheiten sind
> voll spiritueller Bedeutung.

Das war natürlich ganz anders in der agrarischen Welt. Da gibt es nicht nur die Korn- und Vegetationsgottheiten der Antike, von Tammuz bis zu Adonis oder Osiris. In den alten Bräuchen der Volksfrömmigkeit auch unserer Regionen lebt die Ehrfurcht vor der Fruchtbarkeit der Erde und das Wissen um die religiösen Bezüge unserer wichtigsten

Nahrung weiter. In den Bauernkalendern mit ihren Wetter-regeln und Lebensweisheiten ist das Wissen darum lange lebendig geblieben, ebenso wie es auch im liturgischen Kalender sichtbar ist. Am Karfreitag hat man in den bäuerlichen Regionen Südtirols bei der Verehrung des Kreuzes Getreide über das Kreuz geschüttet, und an Ostern werden noch heute vielerorts Brot und Schinken geweiht. Immer wieder wird um eine gute Saat und eine gute Ernte gebetet. Sankt Jakob, dessen Fest im Juli gefeiert wird, war für die frommen Bauern der Helfer beim Kornschnitt, und St. Oswald, Patron der Schnitter und Mäher, galt auch als „guter Brotvater". Volkskundler wissen auch noch, dass es im Jahreslauf der Menschen (rites de passage), etwa in Südtirol, kaum ein wichtiges Ereignis im Gemeinschaftsleben, kaum ein großes Fest im Leben des Einzelnen gab, bei dem das Brot nicht eine symbolträchtige Rolle spielte: von den Patenbroten bei Taufe und Firmung bis zu den „Liebesbroten" in vielen Gegenden Deutschlands. Leben und Tod, Fruchtbarkeitsriten und Allerseelenbrote (etwa der Tiroler Brauch, bei Beerdigungen den Armen Brot zu spenden) – von der Geburt bis zum Tod begleitete das Brot den bäuerlichen Menschen. Brot war eine Frage von Leben und Tod, Brot wegzuwerfen galt als Frevel, und an manchen Orten hob man ein Stück Brot, das auf den Boden fiel, auf und küsste es. Natürlich spielen da oft auch magische Vorstellungen mit. Aber wenn die Bäuerin beim Backen ein Kreuz in den Teig einzeichnet, dann ist nicht nur das tägliche Brot gesegnet, sondern auch das Leben selber. Volkskundler sprechen vom „Brotglauben": Alte Texte erzählen von der „Korn-passion", die den Leidensweg Christi im Bild des Korns beschreibt, das gemäht und gebunden, gedroschen und gemahlen, in den Ofen hineingeschoben und schließlich nach drei Tagen herausgenommen wird, um als Brot von den Menschen genossen zu werden.

Gerade weil es so lebenswichtig ist, kann Brot auch zum Symbol für viele Lebensbezüge werden, auch in der christlichen Tradition. Brot ist gebacken aus vielen Körnern. Daher ist das Brot schon für den hl. Augustinus ein wichtiges Symbol der Einheit. Wie die vielen Körner zu einem Brot gebacken werden, so sollen auch die Christen miteinander eins werden. Und wenn wir in der Eucharistie bei der Gabenbereitung das Brot Gott hinhalten, so ist es auch ein Bild dafür, dass wir selbst aus der Zerrissenheit in die Einheit kommen sollen. Es tauchen auch noch andere Bilder auf: Das Korn muss ja zunächst ausgesät werden. Dann reift es und wird geerntet. Und schließlich wird es gemahlen, damit es Mehl wird. Das Mehl wird mit Wasser durchfeuchtet und dann gebacken. Der hl. Augustinus sieht im Vorgang des Brotbackens ein Bild für den Menschen. Auch wir müssen aussäen, was wir von Gott empfangen haben. Wir brauchen die Sonne und den Regen, damit der innere Mensch wachsen kann. Wir werden abgeschnitten, geerntet und schließlich gemahlen in der Tretmühle unseres Lebens. Und zuletzt werden wir gebacken im Feuer des Leids. Aber schließlich werden wir in unserer Existenz dann selbst zum Brot, das die Menschen nährt.

Dass Menschen das Brot nicht nur als Grundnahrungsmittel, als Voraussetzung für das tägliche Überleben geschätzt, sondern in ihm immer auch ein Symbol für sich selbst gesehen haben, das zeigt sich im biblischen Kontext schon im Bild vom Weizenkorn, das sterben muss, damit es reiche Frucht bringt. Für Jesus ist das ein Bild für sein Sterben am Kreuz. Er selbst wird zum Brot, das die Menschen wahrhaft nährt (Joh 12,24).

Schön in der hebräischen der Bibel spielt das Brot eine wichtige Rolle. Die Israeliten erlebten auf ihrem Zug durch die Wüste, dass Gott ihnen Brot vom Himmel gab. Die Israeliten fragten: „Manhu? Was ist das?" Daraus wurde der Name Manna. Er steht für das Brot des Himmels oder für das Wunderbrot oder, wie es die lateinische Übersetzung ausdrückt, für das Engelsbrot: „Das Brot der Engel aß der Mensch" (Ps 78,25). Das wurde für das Johannesevangelium zum Bild für Jesus Christus, der als Mensch mit seiner Botschaft zum Brot für die Menschen wird und der dann in der Eucharistie sich selbst in der Gestalt des Brotes den Menschen reicht. Und im Psalm 104 heißt es, dass das Brot „das Menschenherz stärkt" (Ps 104,15).

Das Alte Testament erzählt uns auch bereits von der Brotvermehrung. Da bewirkt der Prophet Elija das Wunder, dass der Witwe von Sarepta der Mehltopf und der Ölkrug nie leer werden, dass sie in ihrer Armut sich immer Brot daraus backen kann. Und beim Propheten Elischa reichen zwanzig kleine Gerstenbrote für hundert Mann aus. Die Brotvermehrung wird im Neuen Testament insgesamt sechsmal erzählt. Für die Jünger war es also eine wichtige Erfahrung, dass Jesus das wenige Brot vermehrt hat, so dass es für 5000 Leute und mehr reichte. Jesus bricht das Brot und gibt es den Leuten weiter. Und auf einmal reicht es für eine große Menge: In dieser Brotvermehrung haben die Evangelisten schon ein Bild für die Eucharistie gesehen.

> In der Eucharistie bekommt
> das Brot eine neue Würde.

Jesus selbst gibt dem Brot diese neue Bedeutung. Beim letzten Abendmahl bricht er das Brot und reicht es seinen Jüngern mit den Worten: „Das ist mein Leib, der für euch hingegeben wird. Tut dies zu meinem Gedächtnis!" (Lk 22,19). Jesus gibt sich selbst in der Gestalt des Brotes und schenkt sich den Jüngern. Er wird für sie zur Speise. Das gebrochene Brot weist auf seinen Tod, in dem er für uns zerbrochen wird, damit wir nicht zerbrechen an unserem Leben. Der Evangelist Lukas nennt daher die Eucharistie nur „Brotbrechen". Im Johannesevangelium hält Jesus eine große Brotrede. Jesus erkannte, dass die Leute ihn nach der

Brotvermehrung zum König machen wollten. Daher zog er sich zurück. Und er hält ihnen später in der Synagoge von Kafarnaum eine Rede über die wahre Bedeutung des Brotes. Da vergleicht er sich selbst mit dem Brot. Als sie ihn um dieses Brot bitten, antwortet er: „Ich bin das Brot des Lebens; wer zu mir kommt, wird nie mehr hungern, und wer an mich glaubt, wird nie mehr Durst haben" (Joh 6,35). Die Eucharistie wird für Johannes zum Ort, an dem wir Jesus als das Brot vom Himmel in uns aufnehmen, es kauen. So wie wir das Brot essen und es ganz in unseren Leib hinein integrieren, so sollen wir Jesus in uns aufnehmen, dass er unseren Leib und unsere Seele durchdringt. Dann können wir auch zum Segen und zur Frucht für andere werden.

Wir teilen nicht nur das Brot.

Ignazio Silone hat in seinem Roman „Wein und Brot" das Brechen des Brotes als einen kostbaren Ritus beschrieben. Nach dem gewaltsamen Tod seines Sohnes, der im Widerstand gegen die Ungerechtigkeit in der Gesellschaft ermordet wurde, bricht der Vater das Brot seinen Freunden. Und er spricht dazu die Worte, dass in diesem Brot die ganze Feldarbeit des Sohnes verdichtet ist. In diesem gebrochenen Brot teilt der Sohn seine Liebe zu den Menschen und zur Natur denen mit, die jetzt am Trauertisch Mahl miteinander halten. Was Silone hier beschreibt, gibt dem Brot, das wir miteinander teilen, seine Würde. Wir teilen nicht nur das

Brot, sondern all die Mühe, die Menschen in die Bereitung des Brotes gelegt haben, all die Liebe, die sie in ihre Arbeit hineinfließen ließen. Meine Mutter hat das noch gewusst. Sie hat immer beim Anschneiden des Brotes ein Kreuz in den Fladen geritzt. Und als wir Kinder waren, wurde uns eingeimpft, dass man Brot nie wegwirft. Diese Ehrfurcht vor dem Brot, in dem wir von der Hingabe vieler Menschen leben, ist mir noch heute bewusst. Und wenn ich das Brot langsam kaue, dann schmecke ich all die Liebe, die in dieses Brot hineingeströmt ist. Und ich habe teil an allen Menschen, die sich auf das tägliche Brot freuen, so sie es denn haben.

Der Geschmack des geteilten Brotes hat nicht seinesgleichen.

{Antoine de Saint-Exupéry}

TISCH – ORT DER GEMEINSCHAFT, ORT DES HEILIGEN

Der Tisch ist mehr als nur ein Möbelstück mit einer durch Beine gestützten waagerechten Platte, an dem gearbeitet oder gegessen und auf dem etwas abgestellt oder abgelegt werden kann. Ihm kommt eine soziale Rolle zu, und er ist schon seit alten Zeiten ein wichtiges Bild für Gemeinschaft. Manchmal ist er auch Zeichen von Macht, etwa ein Richtertisch, oder Symbol einer auserwählten Gemeinschaft. So kennt die Sage die Tafelrunde des Königs Artus. Und er kann – wie in allen alten Kulturen – auch eine ausgesprochen religiöse Bedeutung haben. Man spricht vom Altartisch.

Auch heute noch steht der Tisch in unserer Vorstellung meist für Gemeinschaft und Gemeinsamkeit. Am Tisch versammelt man sich zum Mahl. Am Tisch führt man gute Gespräche. Man bittet den Fremden an den Tisch und bietet ihm die Tischgemeinschaft an. Heute erinnert uns der Tisch an die vielen Mahlzeiten, die die Familie um den Tisch versammelt eingenommen hat. Der Tisch ist emotional aufgeladen mit all den Gesprächen, die wir an ihm geführt haben, mit all den Erfahrungen, die wir gemacht haben. Der Tisch führt die Familie immer wieder zusammen und öffnet die Gemeinschaft auch nach außen. Denn er ist der Ort, an dem die Familie Gastfreundschaft gewährt und durch die Gäste selbst Bereicherung erfährt.

Heilige Tischgemeinschaft und spirituelles Zentrum.

Vor allem der Evangelist Lukas schildert uns immer wieder, wie Jesus sich mit vielen Menschen zu Tisch gesetzt hat: „Viele Zöllner und andere Gäste waren mit ihnen bei Tisch" (Lk 5,29). Jesus geht auch in das Haus eines Pharisäers und „legte sich zu Tisch" (Lk 7,36). Und Jesus verheißt den Knechten, die der Herr wach findet: „Er wird sich gürten, sie am Tisch Platz nehmen lassen und sie der Reihe nach bedienen" (Lk 12,37). Jesus selbst bedient uns, wenn wir bei Tische sitzen. Er deckt uns den Tisch mit seinen Gaben. Die Speisen sind Geschenke Gottes an uns, in denen wir seine Güte und Liebe erfahren und kosten dürfen.

Die Tischgemeinschaft galt den frühen Christen als etwas Heiliges. Aber das ist er im Alltag natürlich nicht immer. Oft wird am Tisch auch gestritten. Da wird das Essen kritisiert. Da kommen unterdrückte Aggressionen hoch, wenn man beieinandersitzt. Auch das ist nichts Ungewöhnliches. In jedem von uns tauchen negative Emotionen auf. Das können wir nicht verhindern. Aber wir sind dafür verantwortlich, wie wir mit den Emotionen umgehen. Wenn wir uns einfach nur an den Tisch setzen und unseren negativen Emotionen freien Lauf lassen, zerstören wir die Tischgemeinschaft. Wir werden dem Geheimnis des Tisches nicht gerecht. Daher ist es gut, sich achtsam an den Tisch zu setzen und all die heilsamen Bilder, die uns die Bibel und die geistliche Tradition vom Tisch überliefert, zu bedenken. Dann werden die negativen Emotionen gar nicht hochkommen. Denn wir sind gebunden an das Heilige und Schöne, das jeder Tisch für uns bereithält: eine dankbare Gemeinschaft zu sein, die gemeinsam Gottes gute Gaben genießt und dieses Genießen auch in angenehme Gespräche einmünden lässt.

In den Religionen ist der Altartisch als spirituelles Zentrum der Ort, an dem man Gott ein Opfer darbrachte. Der Name stammt von „altus" = „hoch, erhoben". Der Altar war in den Kultstätten tatsächlich immer an einer erhobenen Stelle. Man stieg zum Altar hinauf. Das war ein Bild für das Opfer: Man brachte das Opfer Gott dar. Man hielt die Gaben in die Höhe. Das war ein Bild dafür, dass die Gaben von Gott kommen und Gott gehören. Wir geben sie ihm wieder zurück. Der Altar wurde in manchen Religionen auch als spirituelles Zentrum der Welt gesehen oder als Verbindungsort zwischen Gott und Mensch. Er galt als heiliger Ort. Wer an den Altar flüchtete, der war geschützt vor den Häschern. Am Altar durfte selbst der größte Verbrecher nicht ergriffen werden.

Im frühen Christentum schon versammelte sich die Gemeinde um den „Tisch des Herrn", in Erinnerung an die Abendmahlfeier. Erst als die Christen Kirchen als dauerhafte öffentliche Gebäude errichten konnten, ungefähr seit dem 4. Jahrhundert, trat an die Stelle eines tragbaren Tisches aus Holz mehr und mehr ein mit dem Boden fest verbundener Altar mit einer steinernen Tischplatte.

Im Christentum bekommt also der Tisch durch das letzte Mahl, das Jesus mit seinen Jüngern gehalten hat, besondere Bedeutung. Da wurde das Mahl zum Symbol seiner Hingabe am Kreuz, zum Symbol seiner Liebe, die stärker ist als der Tod. Nach seiner Auferstehung setzt sich Jesus nochmals zu Tisch mit den Emmausjüngern. Jede Tischgemeinschaft kann uns daran erinnern, dass der Auferstandene selbst an unserem Tisch sitzt. Er ist es, der uns das Brot bricht, der sich für uns hingibt, damit wir aus seiner Liebe heraus leben. Und er gibt uns die Hoffnung, dass auch unser Leben gelingt, selbst wenn wir gerade schwierige Zeiten durchmachen.

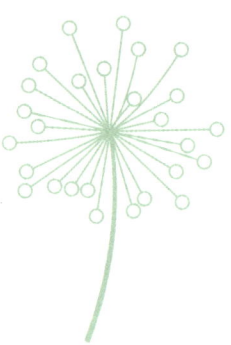

STUHL – DIE EIGENE INNERE WÜRDE ERFAHREN

Die Germanen saßen normalerweise auf der Bank. Der Stuhl war dem König vorbehalten. Der saß auf einem Hochsitz, auf einem Thron. Auch ein Richterstuhl lässt eine herausgehobene Bedeutung erahnen. Die Bibel spricht ja oft vom Richterstuhl. Pilatus setzt sich auf den Richterstuhl (Joh 19,13). Die Juden bringen Paulus vor den Richterstuhl, um ihn anzuklagen und dann umzubringen. Paulus mahnt uns, dass wir alle vor dem Richterstuhl Christi erscheinen müssen. Dort wird dann offenbar, was wir getan und gesprochen haben. Jesus wirft den Pharisäern vor, dass sie sich auf den „Stuhl des Mose" gesetzt haben (Mt 23,2). Sie haben sich etwas angemaßt, was ihnen nicht zusteht. Aber Jesus verheißt seinen Jüngern und damit uns allen: „Ihr sollt in meinem Reich mit mir an meinem Tisch essen und trinken, und ihr sollt auf Thronen sitzen und die zwölf Stämme Israels richten" (Lk 22,30).

> Mit dem Stuhl verbinden sich Bilder des Thronens, des Herrschens, der Würde, der Freiheit und Bilder der inneren Ruhe, Klarheit und Festigkeit.

Auf dem Stuhl sitzen bedeutet in der Antike etwas Erhabenes: Ich habe teil an der Würde des Königs. Für uns Christen heißt es: Wir thronen mit Jesus auf dem Stuhl. Wir werden nicht beherrscht von unseren Launen. Wir spüren im aufrechten Sitzen unsere Würde. Aber diese Erfahrung machen wir nur, wenn wir bewusst und aufrecht auf einem Stuhl sitzen.

Es gibt aber auch negative Erfahrungen, die sich mit dem Stuhl bildhaft verbinden. Wenn es in einer Firma darum geht, Stühle zu rücken, dann heißt das im Klartext: Es werden Menschen entlassen oder von ihren Posten verdrängt. Es gibt angenehme Stühle, auf denen es sich gut sitzen lässt. Aber es gibt auch Stühle, die ein aufrechtes Sitzen verhindern. Da wird man in eine Haltung hineingedrängt, die einem nicht guttut. Oder wir sprechen davon, dass jemand auf einem heißen Stuhl sitzt. Alle bedrängen ihn. Oder man will an seinem Stuhl sägen: Man will ihn von seinem Posten absetzen. Auch der Platz „zwischen den Stühlen" ist meistens kein angenehmer Ort.

Es tut uns gut, uns achtsam auf einen Stuhl zu setzen und die guten Bilder dabei in uns einzubilden, die uns die Bibel und die geistliche Tradition anbietet: Bilder des Thronens, des Herrschens, der Würde, der Freiheit und Bilder der inneren Ruhe, Klarheit und Festigkeit. Dann werden wir jedes Mal, wenn wir bewusst und achtsam Platz nehmen, auch etwas davon erahnen, was es heißt, sich auf den Stuhl zu setzen und dabei seine innere Würde zu erfahren.

SESSEL – ZU ENTSPANNUNG UND RUHE KOMMEN

Beim Metropoliten Anthony beschwerte sich einmal eine Dame, sie würde beim Beten nie Gottes Gegenwart spüren. Der Metropolit gab ihr den Rat, sie solle gar nicht beten, sondern sich einfach einmal eine Viertelstunde in ihren Sessel setzen, einfach nur dasitzen und den Frieden in ihrem Zimmer erspüren. Diese Frau machte mit diesem Rat eine gute Erfahrung. Sie saß einfach nur da, schaute in ihr Zimmer und fühlte sich von Gottes Gegenwart eingehüllt. Als ich von der Geschichte gelesen habe, hat mich das angeregt, ebenfalls öfter in dieser Haltung in meiner Zelle zu sitzen und nur zu schauen. Ich sitze dann bequem in meinem Sessel, schaue auf meinen Schreibtisch, auf das Bücherregal, auf die Bilder in meinem Zimmer, auf mein Bett. Und auf einmal werde ich innerlich ruhig. Ich genieße es, für mich zu sein. Da bin ich geschützt. Es ist still. Der Raum ist voll von Büchern und Texten, die mir wichtig sind. Ich begegne mir selbst in meinem Zimmer. Aber ich begegne hier zugleich meiner Geschichte. Bilder erinnern mich an meine Geschichte: die Fotos von meinem Vater, von meiner Mutter, von Verwandten und Freunden. Und ich begegne in diesem Zimmer Gott, nach dem ich in meiner ganzen Lebensgeschichte immer gesucht habe. Ich schaue die Bilder immer an als der, der schon damals offen war für Gott. Und dann schließe ich die Augen und stelle mir vor, dass Gottes liebende Gegenwart mich einhüllt. Dann werde ich still.

In den Sessel setze ich mich auch, wenn ich nach dem Mittagsschlaf eine Tasse Kaffee trinke. Im Sessel zu sitzen verbinde ich mit Ausspannen, mit Ruhe. Ich gönne mir die Zeit.

Wenn ich in einer Familie zu Gast bin, werde ich oft ins Wohnzimmer geführt. Dort laden meist verschiedene Sessel dazu ein, sich bequem hinzusetzen und etwas dabei zu trinken. Gespräche im Sessel haben immer etwas Leichtes an sich. Da geht es nicht um tiefere Probleme, sondern darum, gut zuzuhören und miteinander vertraut zu werden. Es entsteht dann schnell eine entspannte Atmosphäre. Denn jeder, der im Sessel sitzt, hat sich innerlich losgelassen und ist so fähig, sich auf die Gesprächspartner einzulassen. In manche Sessel fällt man regelrecht hinein. Auch das ist ein Bild für unsere innere Haltung. Ich lasse mich fallen, ich vertraue mich an. Ich fühle mich geborgen und getragen.

Natürlich kann man den Sessel auch missbrauchen: Als ich Betriebswirtschaft studierte, empfahl der Professor, man solle als Chef einen Mitarbeiter, der kommt, um sich zu beschweren, in einem tiefen Sessel Platz nehmen lassen. Der Chef bleibt auf seinem Chefstuhl sitzen und verschanzt sich hinter dem Schreibtisch. Die Überlegung dahinter: Wenn der Mitarbeiter in den Sessel fällt, kann er gar nicht mehr aggressiv auftreten. Doch das ist unfair. Ich kann den anderen nicht im Sessel Platz nehmen lassen, während ich auf meinem Thron sitzen bleibe. Ich muss mich auf gleiche Augenhöhe begeben, nur dann wird auch im Sessel ein gutes Gespräch möglich sein.

SCHRANK – RAUM FÜR ORDNUNG

Heute kaufen wir die Schränke im Möbelgeschäft. Schränke dienen dazu, etwas unterzubringen. Wir haben Schränke für unsere Kleider, Schränke für das Geschirr und Schränke für kostbare Dinge, die wir in unserem Haus sicher aufbewahren oder einschließen wollen. Etymologisch bedeutet „Schrank" eigentlich „vergittertes Gestell", „abgeschlossener Raum". Der Schrank ist also in erster Linie ein zweckmäßiger Behälter für Dinge, die wir nicht im Raum stehen lassen möchten: Hier sind die Dinge aufgeräumt. Wir denken also mehr an die praktische Bedeutung der Schränke, weniger an ihre Schönheit.

> Ordnung ist nicht Selbstzweck.
> Sie drückt aus, dass mir die Dinge,
> die in meinem Schrank sind, etwas
> wert sind, dass ich achtsam mit
> ihnen umgehe.

In der Barockzeit hat man die Schränke kunstvoll geschreinert. Da war jeder Schrank etwas Kostbares. Er war nicht nur ein Gebrauchsgegenstand, sondern etwas Schönes und Kunstvolles, das man gerne anschaute und bewunderte. Man spürte die Sorgfalt, mit der ein solches Möbelstück gefertigt worden war, und man sah ihm die Liebe an, die man in ihn hineingelegt hatte. So ein Möbelstück vererbte man von Geschlecht zu Geschlecht. Es war erfüllt von der Geschichte einiger Generationen. Und daher ging man sorgfältig mit ihm um.

Als ich in den fünfziger Jahren im Internat war, gab es am Samstagabend immer Schrankkontrolle. Wir mussten unsere Schränke öffnen. Der Präfekt prüfte, ob alles sorgfältig und sauber abgelegt war, ob die Hemden genau übereinander lagen usw. Diese Schrankkontrolle war uns Schülern immer unangenehm. Heute ist der Schrank für mich dazu da, eine gewisse Ordnung zu machen. Aber manchmal genieße ich es auch, dass niemand im Schrank nachsieht. Ich kann das hineintun, was ich aufbewahren möchte. Aber es muss nicht absolute Ordnung herrschen. Der Schrank erinnert mich daran, dass ich manches auch verbergen darf. Wer in mein Zimmer kommt, muss nicht alles sofort sehen. Die Schränke verbergen das, was mir wichtig ist. Sie sind auch ein intimer Bereich, zu dem nur ich Zutritt habe. Wenn ich mit diesem Bild meinen Schrank öffne, dann möchte ich von mir aus eine gewisse Ordnung schaffen. Ordnung ist nicht Selbstzweck, sondern sie drückt aus, dass mir die Dinge, die in meinem Schrank sind, etwas wert sind, dass ich achtsam damit umgehe.

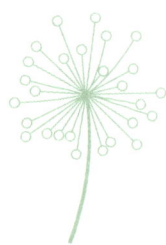

BÜCHER – SCHLÜSSEL FÜR
DAS GEHEIMNIS DES LEBENS

Der jüdische Theologe Jakob Petuchowski erzählt einmal aus seiner Jugend: Wenn ein hebräisches Buch zu Boden fiel, hob man es auf und küsste es. Für die Juden waren die Bücher der Bibel ein Trost: „Unser Trost sind die heiligen Bücher, die wir besitzen" (1 Makk 12,9). Aus dem Islam wissen wir, wie sehr das heilige Buch, der Koran, verehrt wird. Der fromme Muslim betet: „Ich bitte Dich, o Gott, o Erbarmer, bei Deiner Majestät und dem Licht Deines Antlitzes, meine Blicke mit Deinem Buch zu erleuchten, meine Zunge mit ihm zu lösen, mein Herz mit ihm zu erleichtern, meine Brust mit ihm zu weiten und meinen Leib mit ihm zu waschen." Und auch die Christen kennen den Kanon der biblischen Schriften als ihr heiliges Buch.

Die Religionen sind sich einig: In den heiligen Büchern spricht Gott selbst zu den Menschen. Und in ihnen sind wichtige Erfahrungen aufgezeichnet, die Menschen mit Gott gemacht haben. Die heiligen Bücher wurden mit Ehrfurcht aufbewahrt. Da Bücher früher eine Kostbarkeit waren, lernten viele die Bücher der Bibel teilweise auswendig. So taten es auch die Mönche in der Wüste. Zur Armut gehörte es, keine Bücher zu besitzen.

Und auch bei uns gilt heute noch für viele: Brot und Bücher wirft man nicht weg. Auch in einer Zeit, die über eine Überproduktion an Neuerscheinungen klagt, und trotz des Vordringens der elektronischen Medien gilt immer noch:

Bücher bleiben etwas Besonderes. Natürlich hat ein Buch auch einen Gebrauchswert, es kann der schnellen Information oder der Unterhaltung dienen. Es ist Ware, aber immer auch mehr: kulturelles Gut.

> Unser Leben ist ein Buch,
> in dem auch andere lesen.

Das Buch hat in der Geschichte der Religionen, nicht nur in den Buchreligionen, immer auch eine symbolische Bedeutung. Es steht für Weisheit und tieferes Wissen. Im Orient gibt es die Vorstellung von einem Buch, in dem die Geschicke der Menschen aufgezeichnet sind. Dieses Bild hat auch die Bibel aufgegriffen, wenn sie vom Buch des Lebens spricht, in dem alle Auserwählten verzeichnet sind. Die geistliche Tradition hat dieses Bild später auf andere Weise verstanden: Gott schreibt über jeden Menschen ein Buch, in dem alle seine Taten aufgezeichnet werden. Bei dieser Vorstellung schwang manchmal der Gedanke der Kontrolle mit: Keiner kann seinen Taten entgehen. Aber eigentlich war etwas anderes damit gemeint: Unser Leben füllt ein Buch mit all den Erfahrungen, die wir machen. Und alle Erfahrungen werden aufgeschrieben und aufgehoben. Sie sind wichtig auch für die Nachwelt. Das Buch steht also für die unverlierbare Würde des Einzelnen, der mit seinem Leben sozusagen ein Buch schreibt, in dem auch andere lesen können. Wir können es so verstehen: Es ist gut, immer wieder in seinem eigenen Buch zu lesen und die Geschichten zu verstehen, die darin geschrieben sind. Denn sie zeigen mir das Geheimnis meines Lebens.

Eine wichtige Bedeutung hat das Buch im neutestamentlichen Buch der Offenbarung. Da heißt es: „Ich sah auf der rechten Hand dessen, der auf dem Thron saß, eine Buchrolle. Sie war innen und außen beschrieben und mit sieben Siegeln versiegelt" (Offb 5,1). Niemand im Himmel kann die Siegel dieser Buchrolle lösen. Da kommt das Lamm, das geschlachtet ist – ein Bild für Jesus Christus. Es löst ein Siegel nach dem anderen. In diesem Buch ist alles verzeichnet, was in der Welt geschieht. Das ist für uns eine nicht so angenehme Vorstellung. Es macht den Eindruck, als ob schon alles vorherbestimmt wäre. Doch das ist nicht gemeint. Das Buch steht in diesem visionären Bild vielmehr für das Geheimnis des menschlichen Lebens und der menschlichen Geschichte. Wir alle wären dankbar, wenn uns Christus die Augen öffnet, damit wir das Buch dieser Welt lesen und verstehen können.

Die Bibel kennt aber noch ein anderes Bild. Der Prophet Ezechiel bekommt den Auftrag von Gott: „Iss diese Rolle! Dann geh, und rede zum Haus Israel!" (Ez 3,1). Als Ezechiel die Buchrolle aß, wurde sie in seinem Mund süß wie Honig (Ez 3,3). Das Essen der Buchrolle bedeutet, dass ich das Wort Gottes verinnerliche, dass es mein Herz durchdringt. Wenn ich mich so intensiv damit beschäftige, kann ich das Wort Gottes auf andere Weise verkünden. Erst nachdem er die Buchrolle gegessen hat, vermag Ezechiel als Prophet zu sprechen. Und seine Worte werden nun auch süß und angenehm. Er kann eine Botschaft verkünden, die die Menschen verstehen, die sie schmecken und mit allen Sinnen in sich aufnehmen können. Die frühen Mönche haben dieses Bild aufgegriffen, wenn sie vom Wiederkäuen des Wortes Gottes sprechen. Das Wort Gottes muss gleichsam gegessen werden, damit wir es ganz und gar integrieren in unser Denken und Fühlen.

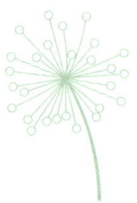

Die Kunst hat oft Heilige mit einem Buch dargestellt. Ein solches Buch hat verschiedene Bedeutungen, je nachdem, wem es als Attribut beigegeben wird. Bei den Märtyrern meint es das Buch des Glaubens, für den sie ihr Leben hingegeben haben. Bei den Evangelisten ist es das Buch, das sie selbst geschrieben haben und nun aller Welt verkünden. Wenn die Kunst Päpsten und Bischöfen das Buch in die Hand gibt, dann will das besagen: Die Bischöfe haben die Aufgabe, die Botschaft Jesu in guter Weise weiterzugeben. Sie sind dafür verantwortlich, dass diese Botschaft unverfälscht zu jeder Zeit verkündet wird. Bei Ordensgründern steht das Buch meistens für die Regel, die sie geschrieben haben. In unserer Abteikirche hat Fr. Maurus Kraus, ein Künstler aus unserer Gemeinschaft, das Buch der Regel in der Hand Benedikts so dargestellt, dass es sich in seiner Hand biegt. Er wollte damit ausdrücken, dass die Regel

kein strenges Gesetzbuch ist, sondern immer wieder ange-
passt werden muss an die jeweilige Zeit und an die Mönche,
die sie leben wollen.

> Bücher geben Zeugnis von
> innerem Reichtum.

Seit jeher, und auch heute noch, gibt es Buchliebhaber und
Menschen, die gerne in die Buchhandlung gehen und sich
die neuesten Bücher kaufen: zum Beispiel Romane, von
denen sie gehört haben, interessante Sachbücher oder spirituelle Bücher. Sie nehmen sich am Abend oder am Sonntag auch bewusst Zeit, um zu lesen. Ein Buch zu lesen ist
etwas anderes, als auf dem PC im Internet etwas zu lesen.
Das Buch nehme ich in die Hand. Es ist etwas Kostbares.
Ich kann darin blättern. Ich kann mich zum Lesen hinsetzen
oder hinlegen.

Viele haben ihre Lieblingsbücher. Und ihre Bibliothek ist
für sie ein wichtiger Schatz, den sie hegen und pflegen. Sie
sind stolz auf die vielen Bücher, die sie besitzen. Die Bücher zeugen von ihrer Bildung, aber auch davon, womit ihr
Geist sich beschäftigt. Als meine älteste Schwester starb,
haben wir Geschwister ihre Bücher unter uns aufgeteilt.
Und wir staunten, wie viel meine Schwester gelesen hat.
An den Büchern sahen wir, womit sie sich beschäftigt hat,
was für sie wichtig war. Und sie hat einzelne Bücher nicht
nur einmal gelesen. Die Bücher waren wirklich Nahrung

für sie. Sie zeigten uns die innere Welt, den inneren Reichtum eines Menschen: das, was ihm besonders wertvoll war.

Wir wissen, dass Bücher ein Leben nicht nur berühren, sondern auch verändern können, dass sie es jedenfalls bereichern, es lebendiger und nicht nur unseren Geist weiter machen können. Deshalb suchen wir in der Buchhandlung nach solchen Büchern, die unser Herz ansprechen. Und immer schwingt dabei die Hoffnung mit, dass das Buch zum Schlüssel wird, der uns die Tür zum eigenen Herzen und zu den Herzen der Menschen und auch zum Herzen Gottes aufschließt: ein Buch des Lebens, das uns zum Leben führt.

Bücher können ein Leben
nicht nur berühren, sondern
auch verändern.

KERZE –
EINE LIEBE, DIE DAS HERZ ERHELLT

Seit jeher haben Kerzen eine eigenartige Anziehung auf Menschen ausgeübt. Sie symbolisieren Licht und damit Leben. Nicht nur in der Adventszeit setzen wir uns gerne vor eine brennende Kerze, um in ihrem Licht Ruhe zu finden.

Das Kerzenlicht ist ein mildes Licht. Anders als eine grelle Neonbeleuchtung lässt es manches im Dunkel. Da gibt es Licht und Schatten. Und das Licht ist warm und angenehm. Die Kerze ist keine funktionelle Lichtquelle, die alles gleichmäßig ausleuchten muss. Vielmehr spendet sie ein Licht, das die Qualität des Geheimnisvollen, des Warmen, des Liebevollen in sich birgt. Im Kerzenlicht kann man sich selbst anschauen, ohne alles in sich ausleuchten zu müssen. Da sehe ich mit einem milden Auge auf meine oft so harte Realität. In diesem zarten Licht wage ich es, mich wahrzunehmen und mich Gott hinzuhalten. Da kann ich mich selbst annehmen.

Das Licht der Kerze erhellt nicht nur, es wärmt auch. Es bringt mit der Wärme Liebe ins Zimmer. Es erfüllt das Herz mit einer Liebe, die tiefer und geheimnisvoller ist als die Liebe der Menschen, mit denen wir uns verbunden wissen. Wer dieses Licht in sein Herz dringen lässt, kann sich vorstellen, dass wir ganz und gar geliebt sind, dass die Liebe alles in uns liebenswert macht. Das Licht der Kerze entsteht, indem das Wachs verbrennt. Das ist ein Bild für eine Liebe, die sich verzehrt. Sie kann sich verzehren, weil genügend Wachs vorhanden ist. Sie braucht nicht zu sparen. Aber manchmal muss man den Docht zurechtschneiden. Sonst wird die Flamme zu hoch und rußt. Es gibt auch eine Liebe, die zu laut ist, in der wir uns verausgaben. Sie tut dann nicht nur uns selbst, sondern auch dem anderen nicht gut. Er spürt den Ruß in der Liebe, die Nebenabsichten, das zu sehr Gewollte und Gemachte, das nicht erhellt, sondern eher einrußt.

Gebet ohne Worte.

Die Kerze besteht aus zwei Elementen: zunächst einmal aus der Flamme, die das Geistige symbolisiert, da sie zum Himmel emporsteigt. Von Mönchsvätern in der Wüste wird erzählt, dass ihre Finger beim Beten zu Feuerflammen wurden. So ist die brennende Kerze ein Bild für unser Beten. Es ist ein beliebter Brauch, dass Pilger am Wallfahrtsort eine Kerze entzünden und sie auf den Altar oder vor eine Marienstatue stellen. Sie drücken damit ihren Glauben aus, dass ihr Gebet weitergeht, solange die Kerze brennt. Und sie hoffen, dass durch ihr Gebet Licht in ihr eigenes Leben kommt und in das Herz der Menschen, für die sie diese Kerze anzünden. Der Mesner der Autobahnkirche bei Baden-Baden hat mir erzählt, wie viele Menschen täglich ein Licht vor der Marienstatue anzünden. Da kommen viele, die sonst nicht mehr in die Kirche gehen. Aber eine Kerze möchten sie doch anzünden für jemand anderen. Da haben sie den

Eindruck, sie könnten noch etwas für den anderen tun und ihre Verbundenheit ausdrücken. Auch wenn ihnen das Beten schwerfällt, die brennende Kerze ist eine Art Gebet ohne Worte. Dieses wortlose Gebet ist ihnen noch möglich. Das ist die tiefste Sehnsucht, wenn wir eine Kerze für einen anderen entzünden: Wir wünschen ihm, dass sein Leben heller und wärmer wird, dass die Liebe Gottes die Kälte in ihm überwinde und dass das Licht alles Dunkle vertreibe.

> In unserem Leib möchte Gottes
> Licht in dieser Welt aufstrahlen.

Für die frühe Kirche war die Kerze ein Symbol für Christus, der zugleich Gott und Mensch ist. Das Wachs ist Bild für seine menschliche Natur, die für uns verzehrt wurde, da er sich aus Liebe für uns hingab. Und die Flamme steht für seine Göttlichkeit. So erinnern uns die Kerzen, die wir im Advent und an Weihnachten anzünden, auch an das Geheimnis der Menschwerdung Gottes in Jesus Christus. In der Kerze ist Christus selbst mitten unter uns. Und wir können durch sie spüren: Es ist Christus, der mit seinem Licht unser Haus und unser Herz erhellt und es mit seiner Liebe erwärmt. Die Göttlichkeit Jesu leuchtet gerade in seiner menschlichen Natur auf. So verweist die Kerze auch auf ein Geheimnis unserer eigenen Menschwerdung. In unserem Leib möchte Gottes Licht in dieser Welt aufstrahlen. Wir können zum Licht für andere werden, das wie die Kerze einen milden Schein wirft auf alles, was sie in sich selbst nicht anschauen möchten. Dann werden wir wie die Kerze für sie zu einer Quelle des Lebens und der Liebe.

Wir zünden jedoch nicht nur eine Kerze an, um zu beten oder zu meditieren. Auch wenn wir ein feierliches Mahl halten, zünden wir eine Kerze an. Die Kellner in vornehmen Gaststätten zünden die Kerze an, sobald sich Gäste an den Tisch setzen. Wir zünden Kerzen an am Geburtstag eines Kindes. Auch wenn der Sohn oder die Tochter schon erwachsen ist und weit weg wohnt, zünden wir an ihrem Bild eine Kerze an, um an sie zu denken. Es gibt viele Gelegenheiten, bei denen wir Kerzen anzünden. Es wäre gut, wenn wir das Anzünden selbst zu einem Ritual machen würden: Ich zünde bewusst diese Kerze an, damit es heller und wärmer wird in mir, in den Menschen, für die ich die Kerze anzünde, und für die Menschen, die sich um diese Kerze versammeln.

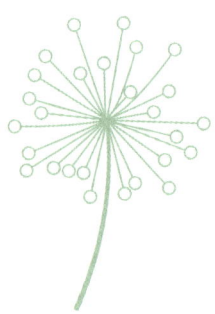

KREUZ – EINHEIT ALLER GEGENSÄTZE

In vielen Zimmern hängt ein Kreuz an der Wand. Oft beachten wir es gar nicht. Manche tragen als Anhänger ein kleines Kreuz. In den letzten Jahren ist das Kreuz etwas in Verruf geraten, als ob es christliche Aggression ausdrücken würde oder das Leid verherrlichte. Doch das Kreuz war für die frühen Christen ein Symbol der Freiheit und der Liebe. Johannes meint, dass uns Jesus am Kreuz bis zur Vollendung geliebt hat (Joh 13,1) und dass er uns am Kreuz liebevoll umarmt (Joh 12,32). So lädt uns das Kreuz, das an der Wand unserer Wohnung hängt, ein, uns einfach vor es hinzusetzen und es zu meditieren. Wir können uns vorstellen, dass Christus am Kreuz die Arme ausbreitet, um alles in uns zu umarmen, um die Gegensätze zu umarmen, die in uns sind. Denn das Kreuz ist auch ein uraltes Symbol für die Einheit aller Gegensätze. Das Kreuz lädt mich also ein, mich mit all meinen Gegensätzen, mit meinen Stärken und Schwächen, mit dem Gesunden und Kranken, mit dem Hellen und Dunklen, mit meinem Vertrauen und meiner Angst zu umarmen und so mich ganz und gar anzunehmen. Wenn ich das Kreuz meditiere, kann ich mir aber auch vorstellen, dass Christus all das Verletzte in mir umarmt. Und mit Christus umarme ich dann das verletzte Kind in mir, das so oft aufschreit, wenn es heute auf ähnliche Weise verletzt wird wie damals in der Kindheit. Das beruhigt das verletzte Kind in mir und verwandelt langsam seine Wunden in Perlen.

Das Kreuz war für die frühen Christen zudem immer auch ein Schutzzeichen. Viele Menschen sagen mir: Wenn ich das Kreuz als Anhänger trage, fühle ich mich geschützt. Aber auch das Kreuz in meiner Wohnung ist ein Zeichen für den Schutz Gottes, den ich in meiner Wohnung erfahre. Ich bin geschützt vor schädlichen Gedanken und Emotionen, die mich bedrängen. Und ich vertraue in diesem Zeichen darauf, dass auch unser Miteinander in der Familie geschützt ist gegen Streit und Zwietracht.

 Das Kreuz ist Schutzzeichen und Symbol für die Überwindung des Leids.

Jesus hat am Kreuz am eigenen Leib erfahren, was es heißt, verurteilt zu werden, geschlagen und gedemütigt zu werden, vor aller Augen am Kreuz zu hängen, begafft und verspottet zu werden. Doch er hat sich weder von den Mördern noch von den Spöttern provozieren lassen. Er hat sogar für seine Mörder gebetet. Für Lukas ist Jesus das Urbild des wahrhaft gerechten Menschen, der sich von niemandem aus seiner inneren Mitte reißen lässt. Lukas schildert den Tod Jesu am Kreuz wie ein Schauspiel, das uns verwandelt. Indem wir auf den gerechten Menschen Jesus schauen, werden wir selbst richtig, gerecht, ausgerichtet auf Gott, befreit von allen, die uns befehden und verletzen. So ist das Kreuz ein Zeichen der Hoffnung, dass uns das Leid nicht zerbrechen, sondern nur aufbrechen wird für eine Liebe, die stärker ist als der Tod.

RING –
ZEICHEN VON SCHUTZ UND WÜRDE

Ringe zählen zu den ältesten Schmuckstücken. Wir tragen sie aber auch bei besonderen rituellen Anlässen, in Erinnerung an bestimmte Lebensstationen oder als Ausdruck eines bestimmten Selbstverständnisses, das wir in diesem Symbol darstellen. Seltenes und kostbares Material, aber auch eine schöne Gestaltung gehören meist zu den Besonderheiten eines Rings. Im Ring, den wir tragen, steckt die Verheißung, dass Gott alles Brüchige in mir zusammenhält, dass er alles Kantige in mir abrundet und dass Gott sich wie der Ring an mich bindet und alles in mir umschließt. Wenn Gott alles in mir umschließt, dann finde ich zu meiner Ganzheit. Der Ring ist ein Symbol der Ganzheit. Und in seiner runden Gestalt ist er zugleich ein Symbol der Ewigkeit. Denn ein Ring hat keinen Anfang und kein Ende. Verlobte schenken sich einen Ring als Symbol ihrer Verbundenheit. Eheleute stecken bei der Hochzeit einander den Ring an als Zeichen ihrer Liebe und ihrer Treue. Und sie vertrauen darauf, dass diese Verbundenheit ewig währt, dass sie auch durch den Tod nicht zerbrochen werden kann. Der Ring soll sie daran erinnern, dass sie aneinander gebunden sind, dass sie sich selbst und dem anderen treu bleiben können, weil Gott sich an sie gebunden hat und ihnen treu bleibt.

Siegelringe waren immer auch Macht- und Würdezeichen. Der Ring kann auch ein Bild für eine Auszeichnung sein. Der Bischof trägt einen Ring, genauso wie der Abt.

Früher hat man bei der Begrüßung des Bischofs seinen Ring geküsst. Ähnlich gab es früher den Beamten-Ring oder den Doktor-Ring. Der Ring zeigt also die Würde des Ringträgers an. Und der Ring, der den Finger umschließt, ist ein Zeichen, dass wir geschützt sind und uns nichts zu schaden vermag.

Manche drehen an ihrem Ring, wenn sie mit einem anderen sprechen. Das kann Ausdruck von Unsicherheit und Verlegenheit sein. Aber wenn ich es bewusst mache, dann kann ich mir vorstellen: Gott ist um mich wie dieser Ring. Er macht alles ganz in mir, was zerbrochen ist oder zu zerbrechen droht. Und Gott schenkt mir im Symbol des Ringes meine Würde. Und er zeigt mir, dass ich geschützt bin vor allem, was mich bedrohen möchte.

> Der Ring ist ein Symbol der Ganzheit – und in seiner runden Gestalt zugleich ein Symbol der Ewigkeit.

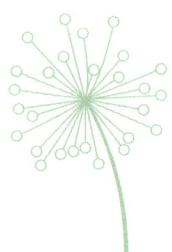

ANHÄNGER –
AUSDRUCK EINER HOFFNUNG

Oft ist es eine Kette mit einem Medaillon oder einem Kreuz. Es kann aber auch eine Rose oder eine Muschel sein: Viele Menschen tragen gerne solche Anhänger. Das erinnert sie an den geliebten Menschen, der vielleicht das gleiche Zeichen trägt. So fühlt sich der Träger des Anhängers mit ihm verbunden. Wenn ich diese Dinge segne, formuliere ich immer so, dass der Anhänger den Träger daran erinnern soll, dass Gott ihm anhängt, dass Gott ihn auf all seinen Wegen begleitet. Es gibt keinen Ort, an dem Gott nicht bei ihm ist. Und Gott, der uns anhängt, erinnert uns an seine Liebe. Er begleitet uns überallhin mit seiner Liebe.

Der Anhänger kann auch ein Schutzsymbol sein. In früheren Zeiten trugen die Menschen als Anhänger ein Amulett. Es sollte sie vor Gefahren schützen und vor Krankheit bewahren. Und oft genug wurde das Amulett als Glücksbringer verstanden. Als Christen brauchen wir dieses magische Denken nicht. Aber wenn wir unseren Anhänger segnen lassen, drücken wir damit aus, dass er uns daran erinnert, dass Gott, der uns anhängt, uns auch schützt. Keine magische Praxis hilft uns. Gott ist es, der uns vor Krankheit zu bewahren vermag. Und er ist es, der uns wahres Glück bringt. So kann uns auch ein solcher Anhänger daran erinnern, dass darin Gottes heilende Gegenwart zum Ausdruck kommt, dass letztlich Gott es ist, der uns vor Krankheit und Gefahren bewahrt und uns inneren Frieden und wahres Glück schenkt.

UHR – VOM RECHTEN AUGENBLICK

Wenn ich bei Kursen das Angebot mache, bestimmte Gegenstände zu segnen, dann liegen immer auch viele Uhren auf dem Altar. Die Kursteilnehmer haben das Bedürfnis, ihre Uhren segnen zu lassen. Der Segen drückt aus, dass jeder Augenblick, den wir erleben, gesegnet ist, dass wir in einer gesegneten Zeit leben. Und die Uhr erinnert mich daran, dass ich selbst ganz im Augenblick leben soll. Dann wird dieser Augenblick auch zum Segen für mich und für andere.

> Ich mache mir bewusst: Jeder Augenblick, den ich lebe, steht schon unter dem Segen Gottes.

Die Uhr erinnert mich an das Geheimnis der Zeit. Die Zeit kann für mich entweder „chronos" werden, eine Zeit, die mich auffrisst, so wie Chronos, der Urgott, seine Kinder aufgefressen hat. Dann bestimmt das Chronometer, die Uhr als Zeitmesser, meine Zeit. Es ist eine eng terminierte Zeit, die mir immer das Gefühl gibt, keine Zeit zu haben. Die Alternative ist, dass die Zeit für mich „kairos" wird, angenehme Zeit. Ob die Zeit für mich chronos oder kairos wird, das liegt an mir und meiner Einstellung. Wenn ich ganz im Augenblick bin, wenn es nichts Wichtigeres gibt, als jetzt gerade in diesem Augenblick präsent zu sein, dann wird die Zeit für mich zu einer angenehmen Zeit, zum kairos. Wenn ich mich aber selbst unter Druck setze und jede Minute ausnutzen möchte und ständig auf die Uhr schaue, ob es schon Zeit ist für den nächsten Termin, dann wird die ganze Zeit für mich zum chronos, der mich auffrisst. Auch hier kommt es auf den Blick an. Wenn ich beim Gespräch ständig auf die Uhr schaue, wird der Gesprächspartner dadurch gestört. Er hat den Eindruck, dass ich keine Zeit für ihn habe, dass ich am liebsten aufhören möchte mit dem Gespräch. Doch wenn ich liebevoll auf die Uhr schaue, erinnert sie mich daran, dass dieser Augenblick jetzt gesegnet ist. Die gesegnete Uhr will mich daran erinnern, dass jeder Augenblick, den ich lebe, schon unter dem Segen Gottes steht. Wenn ich mir das bewusst mache, dann werde ich die Zeit anders erleben, dann wird sie zu meiner Zeit, zu einer gesegneten Zeit für mich und für die Menschen, denen ich in der Zeit begegne.

Eine halbe Stunde Meditation ist absolut notwendig, außer, wenn man sehr beschäftigt ist, dann braucht man eine ganze Stunde.

(Franz von Sales)

TÜR – VERBINDUNG UND ABGRENZUNG

Wir gehen täglich durch viele Türen. Wir klopfen an die Tür, wenn wir in einer Behörde beim Sachbearbeiter eintreten wollen. Wir warten vor der Tür, wenn wir bei einem Bekannten klingeln. Und wir sind voller Spannung, ob er wohl daheim ist und uns die Tür öffnet. Oft beachten wir die Türen kaum. Für mich ist es immer heilsam, nach einem Kurs, bei dem ich mit vielen Menschen gesprochen habe, auf meine Klosterzelle zu gehen und die Tür hinter mir zuzumachen. Dann habe ich das Gefühl, dass die Tür mich jetzt schützt vor anderen Menschen. Durch die Tür gehe ich in meinen Bereich hinein, der mir gehört. Natürlich ist dieser Bereich nicht völlig geschützt. Durch das Telefon kann jemand die Tür umgehen und dennoch in mein Zimmer gelangen.

Wir sprechen davon, dass jemand Tür und Tor öffnet. Er kann sich nicht abgrenzen. Andere öffnen uns Türen, sodass wir Beziehungen knüpfen können mit Menschen, die uns weiterhelfen können. In der Tradition galt die Tür immer als Übergang von einem Bereich in den anderen, z. B. vom Diesseits in das Jenseits, vom profanen in den heiligen Bereich. Im Kloster haben wir noch ein Gespür für den heiligen Bereich der Klosterzelle. Die Tür führt mich in meinen persönlichen Bereich. Normalerweise besuchen wir uns kaum in den Zellen. Sie ist der Privatbereich jedes Mönches. Die Mönche des Mittelalters prägten das Wort: „Cella est coelum", das meint: „Meine Zelle ist der Himmel", in dem ich vor und mit Gott bin. Die Tür führt mich also in den heiligen Bereich.

Wenn wir durch große Gebäude gehen, durchschreiten wir viele Türen. Jede Türe führt uns tiefer hinein zu den wichtigsten Räumen. Oft gehen wir unachtsam durch die Türen. Doch dann treffen wir gerade in alten Klosterbauten ehrwürdige Türen, die kunstvoll gestaltet sind. Für die Tür zur Klausur haben sich die Künstler viel Mühe gemacht. Die wertvolle Tür zeigt, dass wir in einen Bereich eintreten, der heilig ist. Noch kunstvoller sind viele Türen, die in die Kirche führen. Auf ihnen ist oft Christus dargestellt, der von sich gesagt hat: „Ich bin die Tür" (Joh 10,9). Jesus ist die Tür, durch die die Schafe gehen, um Weide zu finden. Und er ist die Tür, durch die wir gehen sollen, um gerettet zu werden. Christus ist also die Tür zum Leben, zum wahren Leben.

> Was führt zum wahren Leben, zu einem Leben, in dem wir ganz wir selbst sind?

Wenn ich achtsam eine Tür betrachte, dann geht mir etwas auf von dem geheimnisvollen Wort Jesu. Die Tür führt mich in einen neuen Raum. Jesus verheißt uns, dass die Tür, mit der er sich identifiziert, zum wahren Leben führt, zu einem Leben, in dem wir ganz wir selbst sind. Durch diese Tür können wir eintreten, um uns selbst zu finden, um das wahre Selbst zu finden. Wenn ich diese Worte Jesu bedenke, während ich täglich durch Türen gehe, dann werde ich achtsamer sein beim Öffnen und Durchschreiten der Tür. Ich stelle mir dann vor, dass ich jetzt in einen neuen Raum gehe, in einen Raum, in dem ich ganz ich selbst sein möchte, und in einen Raum, in dem ich anderen Menschen begegne, die mir eine Tür zum Leben aufzeigen können.

SCHLOSS UND SCHLÜSSEL –
DER WEG FÜHRT INS FREIE

Wenn ich bei Kursen die Leute dazu einlade, Gegenstände auf den Altar zu legen, die ich nach der Eucharistiefeier segnen werde, dann legen viele auch ihren Autoschlüssel oder Haustürschlüssel auf den Altar. Sie ahnen, dass der Schlüssel mehr ist als nur ein funktionelles Instrument. Schon die Bibel verwendet den Schlüssel symbolisch. Da heißt es beim Propheten Jesaja: „Ich lege ihm den Schlüssel des Hauses David auf die Schulter. Wenn er öffnet, kann niemand schließen, wenn er schließt, kann niemand öffnen" (Jes 22,22). Dieses Bild hat die frühe Kirche auf Jesus hin gedeutet: Jesus ist der Schlüssel Davids. Wenn Jesus uns die Tür zu Gott öffnet, dann vermag uns niemand von dieser Tür abzuhalten, niemand vermag sie zu schließen. Aber Jesus kann auch die Tür verschließen, wenn sich ein Mensch seiner Botschaft verschließt und sich so selbst aus der Gemeinschaft der Glaubenden ausschließt. Dieses Bild von der verschlossenen Tür ist ein Bild für einen Menschen, der nicht mehr in Berührung ist mit seinem Inneren, der so im Äußeren aufgeht, dass die Tür zu seinem Herzen verschlossen ist.

Wir wünschen uns, den Schlüssel zu finden, mit dem wir die Tür zum Herzen eines Menschen aufschließen können. Oder wir wünschen uns den Schlüssel, der uns die Tür zu dem Weg aufschließt, der uns in größere Lebendigkeit hineinführt. Jesus spricht vom Schlüssel zur Erkenntnis, zur

Gnosis. Er selbst schenkt uns diesen Schlüssel, sodass wir das Geheimnis unseres Lebens mit Gott erkennen können. Doch auf der anderen Seite wirft er den Gesetzeslehrern vor: „Ihr habt den Schlüssel zur Erkenntnis weggenommen!" (Lk 11,52). Und er warnt uns, zu sehr im Außen zu leben. Denn dann könnte es sein, dass der Herr des Hauses die Tür verschließt, und dann werden wir draußen stehen bleiben (Lk 13,25). Wir träumen oft davon, dass wir den falschen Schlüssel haben. Wir können unsere Haustür nicht öffnen. Das ist immer ein Bild dafür, dass wir den Kontakt zu unserem Inneren, zu unserem Herzen, verloren haben. Ich kann mir vorstellen, dass ich die Tür zu meinem Inneren aufschließe und den Weg zu meinem Herzen finde. Und ich kann mir beim Zuschließen vorstellen, dass ich all das, was mich bedrängt oder bedroht, in einen abgeschlossenen Raum hineinzwinge, sodass es mir nicht mehr schaden kann. Der Schlüssel, der die Tür zum Abgrund verschließt, schützt mich vor allen Gefahren aus dem Dunkel des Unbewussten und vor dem Bösen, das mich in der Welt bedroht. So wird der Schlüssel zum Bild für den Weg in die Weite und Freiheit – und zugleich für den Schutz, wie ihn uns ein abgeschlossener Raum bietet.

5

Vom Zauber
der Natur – Eingebunden
in etwas Größeres

Immer wieder gab es auch innerhalb des Christentums Bewegungen, die Natur als wichtigen Ort der Gotteserfahrung zu verstehen. Beispielhaft ist die keltische Naturfrömmigkeit, die durch die Missionierung der Kelten auch in die Kirche Eingang fand. Der französische Historiker Pierre Riché zitiert in einem Beitrag zur „Geschichte der Spiritualität" das Lied eines keltischen Einsiedlers: „Ich wohne in einem Wald, allein meinem Gott bekannt … Musik schenken mir meine Pinien, meine hohen Musik-Pinien. Wen könnte ich also beneiden hier? – Sag es mir, mein lieber Christ."

Für die frühen Christen war die Natur ein Buch Gottes, in dem alle Menschen lesen konnten. Erst in der Aufklärung richtete sich der Blick auf vom Menschen geschriebene Werke. Religion wurde immer mehr zu einer Philosophie, die uns ein Wissen über Gott vermitteln wollte. Doch dieses Wissen war sehr abstrakt. Erst im 19. Jahrhundert – etwa in der Romantik – entstand eine Gegenbewegung. Jetzt befasste sich die Malerei auf neue Weise mit der Natur. Und auch in der Spiritualität begann ein neues Gespür für die Natur aufzubrechen. Der amerikanische Philosoph Ralph Waldo Emerson (1803–1882) beschreibt in einem Essay über die Natur seine Wanderungen durch die Wälder. Da spürt er „Würde und Heiligkeit", und er erfährt sich als „Splitter Gottes". Die Erfahrung der Natur wird für ihn zur „Offenbarung, der der Mensch in frommer Verehrung begegnet" (Lauster 570).

Die Natur macht etwas mit unserem Inneren. Und sie

wird selbst ein Ort der Verzauberung durch die Erfahrung der Nähe Gottes. Wenn wir in der Natur sind, kann uns das zutiefst berühren, da spüren wir eine Lebendigkeit, die alles Erstarrte aufbricht. Indem ich durch die Natur gehe, spüre ich diese Lebendigkeit nicht nur um mich herum, sondern auch in mir. Es ist letztlich der Geist Gottes, der die Natur durchdringt und zugleich mich lebendig hält. Von der Natur geht die Kraft einer Hoffnung aus, dass auch in mir alles Erstarrte wieder lebendig wird, dass alles Erschöpfte in mir wieder erfrischt wird. Wir fühlen uns in der Natur geborgen und ihr tief zugehörig. Sie ist wie eine große Mutter, die mich nährt, die mich hält und trägt und mir Geborgenheit schenkt. Ich darf hier so sein, wie ich bin. Ich muss mich nicht beweisen. Ich bin einfach. Indem ich mich der Natur anvertraue, vertraue ich mich dem Leben an, vertraue ich mich Gott an. So wie ich bin, mit allen Höhen und Tiefen, mit meiner Dunkelheit und dem Licht in mir darf ich sein, bin ich sein Geschöpf, voller Lebendigkeit und voller Liebe. Etwas von dieser Erfahrung hat Franziskus von Assisi, der große Heilige, vermittelt. Er hat die Natur besungen. Berühmt ist sein Sonnengesang. Alles wird ihm zum Gleichnis für die unfassbare göttliche Güte, die ihm in der Sonne, im Mond, im Wasser, im Feuer begegnet. Die Natur war für Franziskus ein zentraler Ort seiner Gotteserfahrung. Diese Art von Spiritualität spricht auch heute viele Menschen an. In der Tradition des hl. Franziskus möchte ich im Folgenden einige spirituelle Erfahrungen in der Natur beschreiben.

SEELENLANDSCHAFTEN UND KRAFTORTE

Wir nehmen die Natur ganzheitlich, als Einheit einer Landschaft wahr, die von bestimmten Eigenheiten der Geografie und Natur, aber auch von Kultur geprägt ist, die Menschen zu verdanken ist. Bei meinen Fahrten zu meinen Vorträgen erlebe ich die verschiedensten Landschaften. Auf der Autobahn kann ich sie oft nicht in ihrer ganzen Schönheit wahrnehmen. Wenn ich Zeit genug habe, fahre ich auf der Landstraße. Da kann ich die Besonderheit einer Landschaft viel mehr spüren. Noch intensiver erlebe ich sie, wenn ich wandere und immer wieder stehen bleiben kann, um ihre Schönheit zu genießen. Da ergeben sich immer wieder neue Blicke. Da sind freie, aber auch besiedelte Räume, kultivierte oder auch naturbelassene Räume, da gibt es Berge und Täler, Flüsse und Felder. Da sind sanfte Hügel und steile Felsen, einzelne Bäume oder ganze Wälder. Es gibt eher raue und wilde, aber auch liebliche Landschaften, die eine eigene Stimmung in mir erzeugen. Die Landschaft in der Toskana z. B. hat eine eigene Ausstrahlung. Ich kann sie gar nicht richtig beschreiben. Ich spüre nur, wie sie mir guttut.

Im Schauen komme ich zur Ruhe.
Jetzt wird auch die Stille hörbar.

Es gibt Landschaften, die wir als Seelenlandschaften bezeichnen, und Orte, die auf Anhieb Seelenorte für uns sind. Wenn ich im Urlaub bei meiner Schwester in Murnau bin, gehört es zu unserem täglichen Ritual, nach dem Schwimmen im Riegsee die kleine Anhöhe zu besteigen, auf der eine kleine Kapelle steht. Dort stand in frühen Zeiten ein germanisches Heiligtum zu Ehren der Ostara, der Göttin der Fruchtbarkeit. Die Christen haben dort eine kleine Kapelle errichtet. Davor ist eine Bank. Wir setzen uns gerne auf die Bank und schauen schweigend einfach in die Landschaft. Es ist ein wunderbarer Blick. Vor uns liegen der Riegsee und der Froschauer Weiher. Die Kirchen in den Dörfern leuchten uns entgegen. Und wir schauen einfach. Diese Natur vermittelt Frieden, Weite, Schönheit. Es ist ein Kraftort, ein besonderer Ort: zum Ausruhen, zum Schauen, zum Schweigen. Im Schauen komme ich zur Ruhe. Es ist einfach nur schön, dazusitzen und zu schauen. Ich kann nicht beschreiben, was den Zauber ausmacht – die Abwechslung von Seen, Wäldern, Feldern und am Horizont die Berge: der Herzogstand, der Heimgarten, die Alpspitze, das Ettaler Manndl.

Ein anderer Ort, den ich besonders liebe, ist ein Weiher im Murnauer Moos. Dort war früher einmal eine Müllhalde. Doch mit großen Kosten hat man den Ort renaturiert. Und jetzt ist er ein Ort, an dem viele Insekten heimisch geworden sind. Etwas abseits von dem Weg, auf dem immer wieder Radler vorbeifahren, gehe ich durch dichtes Gras auf einen kleinen Hügel. Auch dort steht eine Bank. Ich setze mich darauf und schaue auf den Weiher. Auch dieser Blick ist voller Frieden. Dort hört man keine Geräusche von Autos oder Traktoren. Dort ist reine Stille. Nur die Insekten summen. Aber ihr Summen stört die Stille nicht, sie macht die Stille eher hörbar. Ich spüre, wie es mir guttut, hier einfach zu sitzen. Mit allem, was da in mir aufsteigt, bin ich geborgen in dieser unberührten Natur, ich bin getragen. Ich darf einfach sein. Ich muss nichts leisten, nichts vorweisen. Es genügt, einfach nur da zu sein, still zu werden, die Stille wahrzunehmen, die dieser Ort ausstrahlt.

Bänke haben etwas zur Rast Einladendes. Hier kann man entschleunigen, darf Hetze und Hast hinter sich lassen. Einfach in die Landschaft schauen, in der Nähe des Waldes und zugleich offen für die Weite der Landschaft, das tut einfach gut. Auch ich muss jetzt gar nichts tun, gar nichts vorweisen, mich nicht rechtfertigen oder verteidigen. Ich bin einfach da. Und ich fühle mich eins mit der Natur.

Oft haben Menschen Bänke dort aufgestellt, wo ein besonders schöner Blick die Augen erfreut oder wo wir eine besondere Ruhe erfahren dürfen. Diese Schönheit und diese Ruhe strahlen aus. Ich bin dankbar. Ich denke an die Menschen, die diese Bank errichtet haben, die sich diesen Ort für die Bank ausgesucht haben. Und ich fühle mich in solchen Augenblicken einfach als Teil der Natur. Ich gehöre zu ihr. Und ich bin zugleich Beobachter und Beschauer der Natur. Beides gehört zur Bank: das Einssein mit allem, was ist, und das kontemplative Schauen, sodass ich im Schauen eins werde mit dem, was ich schaue. Dieses reine Sitzen und Schauen ist für mich schon Meditation. Ich fühle mich hier von Gottes Lebendigkeit, von Gottes Schönheit umgeben und umarmt.

> Überall begegnet mir die Schönheit von Gottes Schöpfung.

Jede Landschaft hat ihre eigene Schönheit. Und wer eine schöne Landschaft anschaut, sie auf sich wirken lässt und sich an ihr erfreut, schaut nicht, um zu beurteilen. Wenn ich die Schönheit auf mich wirken lasse, bin ich nicht mehr im Gegenüber, sondern werde ganz eins mit dem, was ich schaue. Wenn ich mit einem Blick der Liebe auf die Landschaft schaue, dann ist sie für mich schön.

Das deutsche Wort „schön" kommt auch von „schonen". Ich entdecke das Schöne nur, wenn ich mit Augen schaue, die nicht vereinnahmen, nicht haben wollen, sondern die einfach sein lassen, was ist. Auch die Schönheit einer Landschaft will zunächst einfach gesehen und beachtet werden. Sie ist zwar seit Jahrhunderten vorhanden. Aber wirklich wird sie nur, wenn sie betrachtet wird und wenn ihr Geheimnis in Worte gefasst und beschrieben wird. Ich erlebe eine Landschaft noch intensiver, wenn ich mit Freunden unterwegs bin. Dann halten wir gemeinsam inne und versuchen in Worten uns gegenseitig zu erklären, was wir schauen. Da gibt es beides: das gemeinsame schweigende Schauen – und die Worte, die das Schauen beschreiben und die die Schönheit der Landschaft ins Wort bringen.

Auch die sehr vertrauten Landschaften können wir immer wieder auf neue und besondere Weise wahrnehmen. Überall begegnet mir letztlich auf vielfältige Weise die Schönheit von Gottes Schöpfung. Und weil ich seine Schönheit in der Landschaft entdecke, wird es ruhig in meinem Herzen, und die Freude steigt aus dem Grund der Seele hoch in mein Bewusstsein.

. . . .

*Die wahren Entdeckungsreisen bestehen
nicht darin, neue Landschaften aufzusuchen,
sondern neue Augen zu haben.*

(Marcel Proust)

OASEN DER RUHE ENTDECKEN

Wenn wir durch eine Großstadt gehen, spüren wir nicht nur die luftverschmutzende Wirkung der Abgase, da blinken uns auch unentwegt Leuchtreklamen entgegen, Autos rasen vorbei, und in der Fußgängerzone, laut und eng, drängen sich die Massen. Alle sind in Eile, unterwegs in die Geschäfte oder zu den Trambahnen und Bussen. Können wir auch hier Gottes Gegenwart erkennen? Und wie soll man ihn in dieser hektischen Atmosphäre, dieser von Kommerz getriebenen Welt erfahren können?

Mitten in diesem Smog gibt es Oasen der Ruhe. Wenn ich etwa aus dem Lärm der Münchner Innenstadt in den Englischen Garten gehe, treffe ich viele Menschen, die dort Ruhe und Erholung suchen. Aber ich finde immer auch Orte, etwa eine Bank, auf die ich mich ungestört setzen kann. Und dann ist es um mich herum still. Die Stimmen der Besucher dringen dahin nicht vor. Oder wenn ich in Nürnberg, aus der Innenstadt kommend, am Ufer der Regnitz entlanggehe, dann höre ich auf einmal nichts mehr vom Lärm der Stadt. Wenn ich mich dann auf die Wiese setze und einfach dem Rauschen des Flusses nachspüre, dann komme ich mitten in der Großstadt zur Ruhe. Das ruhige Fließen beruhigt meine Seele. Wenn ich mich ganz auf das Wasser einlasse und auf die Stille, die es umgibt, dann empfinde ich mitten in der Großstadt diesen Ort als eine Oase. Dann bricht eine andere Wirklichkeit in die Hektik der Großstadt ein.

Wir können bewusst Wege nach innen gehen.

Es gibt Wege, die man bewusst gehen kann, um auch in dieser diffusen und verwirrenden Wirklichkeit die Gegenwart Gottes zu erfahren: Der erste Weg ist, in mich selbst hineinzuhorchen. Mir hilft es oft, mitten in der turbulenten Stadt mich in den inneren Raum meiner Seele zurückzuziehen. Ich achte auf meinen Atem und lasse mich vom Atem in den inneren Raum der Stille hineinführen. Ich beobachte den Atem, wie er kommt und geht, und komme allmählich zur Ruhe. Die Mönche haben für das, was in der Meditation geschieht, ein Bild: Oben im Wasser wogen die Wellen hin und her. Im Kopf ist es immer unruhig. Da steigen ständig Gedanken auf. Aber je tiefer ich in das Meer hinabsteige, desto ruhiger wird es. In dieser Ruhe erfahre ich eine Wirklichkeit, die größer ist als alles Banale und Wichtigtuerische, was mir außen begegnet.

Ein anderer Weg für mich ist: Ich schaue mir aus dieser Haltung der Ruhe heraus die Menschen an, die an mir vorbeihetzen: Wonach sehnen sie sich? Was bewegt sie? Warum hetzen sie so? Was treibt sie an? Und wenn ich an den inneren Raum der Stille in mir glaube, dann glaube ich auch, dass in diesen hektischen Menschen, die sich auf den ersten Blick gar nicht um Gott kümmern, eine Sehnsucht ist nach mehr. Ich glaube daran, dass all diese Menschen – auch wenn sie sich dessen nicht immer bewusst sind – sich letztlich nach Gott sehnen. Wenn ich die Menschen mit diesem Blick anschaue, dann erkenne ich auch Gott in ihnen. In der Vielfalt der Gesichter erblicke ich das eine Antlitz Gottes, das sich in all diesen Gesichtern widerspiegelt.

Gott wohnt in der Stille.

Ich kann mich dem Lärm der Stadt auch für eine Weile entziehen und mich in eine Kirche setzen, an der ich gerade vorbeikomme. Ich setze mich dann einfach hin, höre den Lärm nur noch von Weitem, genieße die Stille der Kirche und lasse mich auf die Sprache dieses Raums ein, der immer auch umbaute Stille voll innerer Bedeutung ist. Die romanischen Kirchenbauten etwa betonen die Kirche als mütterlichen Raum der Geborgenheit. Gotische Kirchen lenken unseren Blick in die Höhe, sie wollen uns Gottes Größe zeigen und unsere Augen vom Irdischen wegziehen. In Barockkirchen führt der Weg hinein in den Raum der Gemeinde und schließlich zum göttlichen Bereich des Altarraumes. Wie auch immer die besondere Sprache dieses Raums ist – ich stelle mir vor: Hier wohnt Gott, mitten in dieser Stadt. Ich kann in diesem Raum jetzt schweigend sitzen, es ist ein Beten ohne Worte, ein Dasein vor Gott. Im Schweigen steht nichts mehr zwischen mir und ihm. Da werde ich eins mit ihm, der jenseits aller Worte und Bilder ist. Kontemplation besteht jetzt darin, den inneren Tempel in mir selber zu entdecken. Und ich kann spüren: In mir selber ist ein Raum der Stille. Diese Vorstellung hilft, innerlich frei zu werden von all dem, was auf mich einströmt. Die heilsame Stille in uns schenkt mir einen Zufluchtsort und neue Stärke.

Und wenn ich wieder aus dieser Kirche trete, weiß ich: Diese Stadt ist nicht nur von der Suche nach Geld und Vergnügen geprägt. In den Menschen aus dieser Stadt, die hier in der Kirche still sitzen und beten, wird Gottes Gegenwart mitten im „Smog" der Stadt erfahrbar. Das tröstet mich. Und das lässt mich mit einem neuen Vertrauen wieder in den Lärm der Stadt zurückkehren. Ich weiß dann, dass auch mitten im Getriebe Gott gegenwärtig ist. Ich brauche nur offene Sinne, um ihn wahrzunehmen.

Die größten Ereignisse,
das sind nicht unsere lautesten,
sondern unsere stillsten Stunden.

(Friedrich Nietzsche)

HEILSAMES GEHEIMNIS DES WALDES

Der Wald ist ein Ort, wo viele Menschen Erholung suchen, abschalten, auftanken und ihre Alltagshektik loslassen und entspannen. Hier erfahren sie etwas Heilsames und Schützendes. Er ist für mich aber auch ein geheimnisvoller Ort, an dem der Mensch die Erfahrung des Heiligen, ja einer Gottesbegegnung machen kann.

Ich selber gehe gerne im Wald spazieren. Mit allen Sinnen kann ich ihn dann erfahren. Ich rieche ihn und nehme ganz verschiedene Düfte wahr. Ein Nadelwald riecht anders als der Laubwald oder als Beerensträucher und blumenübersäte Waldlichtungen. Ich schaue auf die Bäume, sehe, wie die Baumkronen sich im Wind wiegen, bewundere das Licht, das von der Höhe durch die Bäume fällt.

> Ich fühle mich geborgen
> von einem Geheimnis.

Ich halte inne, schaue mir einzelne Bäume an, wie hoch sie gewachsen sind oder wie ihre Wurzeln eigenartige Figuren formen. In allem, was ich sehe, sehe ich ein Sinnbild für mich selbst: Ich bin wie die Bäume verwurzelt. Und ich hoffe, dass meine Wurzeln tiefer reichen als das, was ich oberflächlich sehe, dass sie letztlich in Gott verankert sind. Ich gehe durch den Wald und fühle mich darin geborgen, eingehüllt von Lebendigkeit, Liebe und von einem Geheimnis, das größer ist als ich selbst.

Manchmal scheinen mir die dichten Baumkronen wie ein schützendes Dach zu sein. Und ich genieße vor allem die Ruhe. Der Wald ist ein Symbol für Geborgenheit. Er ist aber seit jeher immer auch geheimnisvoll. Für die Traumdeutung bedeutet Wald das Unbewusste. Der Wald führt uns tief ein in die unbewusste Welt unserer Seele. Im Wald – so erzählen es die Märchen –, da wohnen böse Feen, aber auch gute Geister. Da kommen uns Tiere zu Hilfe. Seit jeher hat der Mensch den Wald als etwas Numinoses erfahren.

Die Indios in Peru sind überzeugt, dass Gottes Liebe durch einen Baum zu uns strahlt. Wenn ich manchmal bewusst vor einem Baum stehen bleibe und mir das vorstelle, dann fühle ich mich wirklich geliebt. Ich fühle mich zugehörig zur Natur. Ich stehe nicht unter Druck. Ich werde nicht bewertet.

> Es bedarf einer großen Stille, um das Singen der Welt zu vernehmen. Auch die schweigende Natur singt von der Schönheit der Welt.

Berührt von der Stimme des Windes.

Wenn ich durch einen Buchenwald gehe, erlebe ich die Bäume oft wie gotische Säulen einer Kirche. Der Wald ist für mich dann wie ein heiliger Raum, in dem ich mich eingehüllt und geschützt fühle. Hier erfahre ich Gottes Gegenwart. Ich fühle mich eins mit der Natur. Ich atme die frische und gesunde Luft und atme darin Gottes Liebe ein. Der Wald, in dem auch das lange und unberührte Wachstum der Natur sichtbar werden kann, beruhigt meine unruhige Seele. Ich gehe, höre auf das leise Rauschen und fühle mich umgeben und geborgen von der Stille, die mich umfängt. Einmal hörte ich ein eigenartiges Rauschen. Ich blieb stehen. Ich konnte diese Erfahrung nicht erklären. Aber ich war tief berührt, ergriffen von etwas, was größer ist als ich selbst. Für mich war es Gott selbst, der mich im Wind berührt hat. Später habe ich in einem Gedicht von Nikolaus Lenau (1802–1850) diese Erfahrung wiedererkannt. In dem Gedicht „Stimme des Windes" heißt es zum Schluss:

„Horch! Überraschend saust es in den Bäumen
Und ruft mich ab von meinen lieben Träumen,
Ich höre plötzlich ernste Stimme sprechen;
Die aufgeschreckte Seele lauscht dem Winde
Wie Worten ihres Vaters, der dem Kinde
Zuruft, vom Spiele heimwärts aufzubrechen."

Dieses Rauschen des Windes war zu hören, aber es erfasste auch den ganzen Leib. Das war für mich eine Gotteserfahrung. Mir kam das Bild von Pfingsten in den Sinn, als der Heilige Geist in einem Sturm für die Menschen erfahrbar wurde. Es war der Geist Gottes, der in mir etwas in Bewegung brachte. Es war wie eine Antwort auf eine Frage, mit der ich mich im Wald beschäftigte: als ob Gott selbst mir im Rauschen des Windes eine Antwort gab.

Ein Vater fragte seinen Sohn, warum er immer in den Wald gehe.
„Um Gott zu suchen."
„Aber ist Gott nicht überall?"
„Er schon, aber ich bin nicht überall derselbe."

(Elie Wiesel)

DER BAUM, EIN BILD FÜR UNS SELBST

In allen Kulturen werden Bäume mit Ehrfurcht betrachtet. Viele Religionen sehen in ihm einen Ort der Gegenwart Gottes. Im Bild des Baumes können wir uns aber auch selber finden. Wenn Menschen ihren Lebensbaum malen, kann man sehr gut erkennen, wie der Zeichner sich selbst versteht. Manche dieser Bäume haben kaum Wurzeln. Bei manchen ist der Stamm gespalten. Bei andern ist er so groß, dass sich die Krone des Baumes nicht mehr entfalten kann. Der Baum ist ein Bild dafür, wie sich ein Mensch sieht.

Der Mensch kann sich mit seiner eigenen Lebensgeschichte im Bild des Baumes wiederfinden. Wie der Baum wurzelt der Mensch sich in der Erde ein und entfaltet seine Krone in den Himmel. Der Mensch ist ein Wesen der Erde und des Himmels. Aber manchmal hat er keine Wurzeln. Und manchmal kann er sich nicht genügend entfalten.

Die verschiedenen Bäume sind zudem Bilder verschiedener Qualitäten des Menschen. Der Laubbaum ist ein Symbol für den, der Altes loslassen muss, damit Neues wachsen kann. Der Nadelbaum ist ein Bild für das ewige Leben, das Gott uns zu schenken bereit ist. Die Eiche steht für Kraft, für Männlichkeit und Beharrlichkeit, die Linde hat eher eine weibliche Bedeutung. Der Olivenbaum steht für die Versöhnung zwischen Gott und Mensch und galt den Griechen als Symbol für geistige Stärke und Erkenntnis. Und jeder hat seine Lieblingsbäume.

Die Bibel spricht häufig vom Baum. Schon in der Schöpfungsgeschichte spielt er eine wichtige Rolle. In der Mitte des Paradieses steht der Baum des Lebens und daneben der Baum der Erkenntnis von Gut und Böse. Das Neue Testament greift diese Symbolik auf. Aus dem Baum, der zum Fluch für die Menschen wird, wird das Kreuz geformt. Es hebt das Unheil wieder auf, das der Baum der Erkenntnis von Gut und Böse für die Menschen gebracht hat. Das Kreuz ist der Baum des wahren Lebens, der im Paradies stand und der uns wegen der Vertreibung aus dem Paradies nicht mehr zugänglich war. Die frühchristliche Kunst stellt das Kreuz oft als Lebensbaum dar mit vielen bunten Zweigen und vielen Vögeln in den Zweigen. Der Baum des Kreuzes verbindet Himmel und Erde, Gott und Mensch. Er erfüllt alle Verheißungen, die die Menschen jemals mit dem Baum verbunden haben. Das Kreuz schafft Geborgenheit, versöhnt die Gegensätze in uns und erfüllt uns mit der Liebe Gottes. Es schenkt uns die Weite, die die Kunst mit dem Lebensbaum des Kreuzes verbunden hat. In San Clemente in Rom hat der Lebensbaum des Kreuzes weite Äste, die die ganze Welt zu umfangen scheinen. Und auf diesen Ästen sitzen Vögel, die fröhlich ihr Lied singen.

An das Bild des Baumes
knüpft die Bibel Verheißungen.

Im Lukasevangelium erzählt Jesus ein Gleichnis mit dem Feigenbaum, der keine Früchte trägt und umgehauen werden soll. Der Weingärtner widersteht und sagt: „Herr, lass ihn dieses Jahr noch stehen, ich will den Boden um ihn herum aufgraben und düngen. Vielleicht trägt er doch noch Früchte; wenn nicht, dann lass ihn umhauen" (Lk 13,7–9). Es ist ein schönes Gleichnis, das die Geduld Jesu zeigt – nicht nur mit der Stadt Jerusalem, die im Bild des Baumes dargestellt ist. Es gilt auch für jeden Einzelnen von uns. Wir sind ein Feigenbaum, der keine Frucht bringt. Der Feigenbaum stand in der Antike als Bild für Fruchtbarkeit und auch für die Liebe, denn er ist dem Dionysos heilig. Aber er ist auch ein Symbol für geistige Erkenntnis und Erleuchtung. Buddha empfing unter dem Feigenbaum seine Erleuchtung. Jesus sah den Natanael unter dem Feigenbaum sitzen. Er spürte, dass dieser Israelit ein frommer Mann war, der sich um die Erkenntnis Gottes und um Erleuchtung mühte (Joh 1,48). Doch wir sind oft ohne spirituellen Eifer und ohne Erleuchtung und ohne Liebe. So ein unfruchtbarer Baum sollte herausgerissen werden. Doch Jesus tritt für uns ein. Im Bild gesprochen: Er möchte mit seiner Liebe den Boden um uns herum aufgraben und mit seiner Gnade düngen, damit wir Frucht bringen, damit seine Liebe auch in uns aufblüht.

WANDERN – INNERE FREIHEIT ERFAHREN

Zum Urlaub gehört für mich das Wandern. Ich wandere durch den Wald, durch Felder und Wiesen und auf längeren Strecken durch schöne Landschaften. Das deutsche Wort „wandern" hängt zusammen mit „wandeln". Wer wandert, wandelt sich. Wir kennen auch das Wort, dass jemand hin- und herwandelt. Die griechischen Philosophen entwickelten ihre Philosophie im Wandeln. Die Schüler des Aristoteles nennt man Peripatetiker, weil ihr Meister in einem Wandelgang (peripatos) seine Lehre verkündete. Wandern und Wandeln macht also weise. Man kann wandernd seine Erfahrungen sammeln.

Die romantischen Dichter haben das Wandern immer wieder besungen. Wandern gehört zum Wesen des Menschen. Da geht es darum, auszuwandern aus alten Gewohnheiten. Und im Wandern in der Fremde geht mir zugleich das Geheimnis der Heimat auf. Wandern hält den Menschen lebendig. Im Gedicht von Joseph von Eichendorff „Allgemeines Wandern" heißt es in der 3. Strophe:

„Und die im Tal verderben
In trüber Sorgen Haft,
Er möcht sie alle werben
Zu dieser Wanderschaft."

Der Dichter möchte alle einladen, mitzuwandern, vor allem aber die, die sich daheim mit ihren Sorgen herumplagen. Im

Wandern kann der Mensch eine innere Freiheit erfahren. Er freut sich an der Schöpfung. Und indem der Mensch sich auf das Wandern einlässt, kommt in seiner Seele etwas in Bewegung. Es löst sich etwas von den Sorgen, die auf ihm lasten. Er wandert sich hinein in eine innere Heiterkeit und Freiheit. Er erlebt die Welt auf neue Weise. So heißt es in der 5. Strophe dieses Gedichts:

„Da wird die Welt so munter
Und nimmt die Reiseschuh,
Sein Liebchen mitten drunter
Die nickt ihm heimlich zu.“

Es braucht immer auch Freunde, mit denen man wandert. Mit Freunden erleben wir die Schönheit der Schöpfung intensiver. Wir machen uns gegenseitig darauf aufmerksam, wie schön dieses Tal ist. Und wir spüren, dass wir im Wandern eine tiefe Gemeinschaft erfahren dürfen. Im Miteinander-Wandern können wir uns gut unterhalten. Und die Erfahrung zeigt, dass wir im Wandern miteinander eins werden, uns getragen fühlen von anderen, die mit uns auf dem Weg sind und uns auf dem Weg stützen.

Im Wandern kann der Mensch Freude an der Schöpfung erfahren. Und indem er sich einlässt, kommt in seiner Seele etwas in Bewegung.

BEWEGUNG, DIE BEFREIT

Ich kenne viele Menschen, die regelmäßig in der Natur joggen. Joggen kommt ja vom englischen „to jog" = „trotten" und meint den gemächlichen Dauerlauf. Es ist erst ab den sechziger Jahren des letzten Jahrhunderts modern geworden. Viele versprechen sich vom Joggen eine bessere Gesundheit. Andere hoffen, dadurch abzunehmen. Aber immer wenn das Joggen verzweckt wird, verliert es seinen eigentlichen Sinn. Das gleichmäßige Laufen kann zu einer Meditation werden. Ich laufe gleichmäßig, ohne mich allzu sehr anzustrengen. Und dieses Einfach-Laufen kann ein Sich-frei-Laufen von allen inneren Spannungen werden. Ich kann mich frei laufen von Ärger und Wut, die sich in der Arbeit aufgestaut haben. Oder ich kann im Laufen die innere Leichtigkeit erfahren: Ich berühre mit jedem Schritt den Boden und hebe mich wieder ab. Ich bleibe nicht stehen. Es ist eine innere Bewegtheit, die mir guttut. Und ich habe das Gefühl, dass ich mich selbst spüre, meinen Leib spüre, meinen Atem spüre.

> Es ist eine innere Bewegtheit, die mir guttut. Ich spüre mich selbst. Ich kann mich frei laufen.

Die befreiende Wirkung des Joggens erfahre ich nur, wenn ich es nicht verzwecke. Es gibt Menschen, die ständig auf die Uhr schauen, um zu prüfen, wie schnell sie laufen. Andere schauen auf ihren Kilometerzähler und setzen sich unter Druck, möglichst viele Kilometer zu laufen. Doch dann sind sie nicht mehr im Laufen, sondern sie denken über das Laufen nach. Die Kunst besteht aber darin, sich einfach dem Laufen zu überlassen. Erst dann werde ich frei von allem Grübeln, von innerem Ärger oder von Enttäuschung. Ich spüre mich und meine innere Kraft. Das tut mir gut.

IN DEN BERGEN WEITET SICH DAS HERZ

In allen Kulturen verbindet sich mit den hohen Bergen etwas Geheimnisvolles, ja eine Ahnung vom Geheimnis des Daseins selbst. Da wird unsere Seele angesprochen, nicht nur unser Körper. Wir können mit allen Sinnen spüren, wie groß die Schöpfung ist. Und auch die Anwesenheit Gottes wird spürbar. Als „Wohnung der Götter" werden die hohen Berge in den Naturreligionen bezeichnet und verehrt, im Gebiet des Himalaya und den Bergen Tibets ebenso wie in den indianischen Kulturen Nordamerikas, in Afrika oder im Gebiet der Anden Perus. „Alles Heilige ist hoch wie die Berge oder wird erhöht", heißt es in Indien. Berge entziehen sich schon durch ihre Höhe allem Alltäglich-Profanen und sind sichtbarer Ausdruck der Kraft des Göttlichen in der Natur. Alte Mythen erzählen davon und setzen die Ruhe der Berge in Beziehung zu der ursprünglichen Kraft, zu der Kraft einer Mitte, die alles bewegt.

> Viele Wege führen zu Gott –
> einer geht über die Berge.

Das gilt nicht nur für die ganz hohen Berge unserer Erde. Für mich gehören dazu auch die Berge meiner Heimat. Immer wieder verbringe ich hier die Zeit meines Jahresurlaubs, wandernd auf den Höhenwegen. Der Weg auf den Berg ist auch in unseren Breiten oft steil und beschwerlich. Doch wenn ich dann am Gipfel ankomme, erfahre ich den

Lohn für alle Mühe, auch wenn der Atem noch heftig geht: Da öffnet sich der Blick, und das Herz wird auf einmal weit. Ich schaue dann einfach nur in die weite Landschaft. Ich sehe auf die vielen Gipfel, die von der erklommenen Höhe aus zu sehen sind. Am Gipfelkreuz stehen oft viele Menschen und lassen sich fotografieren. Besonders an Ferienwochenenden ist da manchmal viel los. Doch ich brauche dann meine Ruhe. Ich möchte einfach das Hiersein an diesem Ort genießen. Wenn ich mich dann still hinsetze und einfach die Schönheit der Landschaft mit den vielen Bergen, die je ihre eigene Gestalt haben, anschaue, dann ist das auch für mich Gotteserfahrung: Ich erfahre Gott in seiner Schönheit. Und wenn ich dann in die Weite schaue, erinnere ich mich auch an die vielen Bergerfahrungen, von denen die Bibel spricht. Da ist etwa vom Berg der Verklärung die Rede. Es ist eine Urerfahrung, die wir selber immer wieder machen können: Auf dem Berg wird alles klar, da öffnet sich der Himmel, und das Licht leuchtet nicht nur in der Landschaft, sondern auch in unseren Herzen. Unser Gesicht verklärt sich. Alle Rollen und Masken fallen ab. Wir ahnen etwas von dem ursprünglichen und unverfälschten Bild, das Gott sich von uns gemacht hat.

Wir kehren nach einem Tag
in den Bergen verändert ins Tal,
in unseren Alltag zurück.

„Ich hatte plötzlich eine Ahnung von der selbstverständlichen, unwandelbaren Gegenwart der Ewigkeit. Mein Herz wurde weit." Von dieser Erfahrung erzählt mein Mitbruder Fidelis Ruppert, der lange Abt in unserem Kloster in Münsterschwarzach war, in einem kleinen Büchlein. Es trägt als Titel einen Ausspruch von Johannes vom Kreuz, wo er Gott, seinen Geliebten, im Bild der riesigen Berge anredet: „Mein Geliebter, diese riesigen Berge!" P. Fidelis berichtet von seiner ersten Reise nach Peru, als er auf einem Pferd durch ein unwegsames Gletschergebirge ritt. Der Spruch des hl. Johannes vom Kreuz spricht ihm aus der Seele: „Es war einfach eine tiefe Ruhe und Gewissheit in mir, dass Gott da ist, groß und wuchtig, aber zugleich voll Ruhe und Frieden, wie die hohen Berge, die seit Jahrhunderten oder Jahrtausenden einfach dastanden und Ruhe ausstrahlten." Seine Reaktion: Weite und Freude in Leib und Seele, große Dankbarkeit.

Unwandelbare Gegenwart
der Ewigkeit.

„Viele Wege führen zu Gott – einer geht über die Berge!" Das steht auf einem Gipfelkreuz in den Alpen. Wenn ich selber still auf dem Berg sitze, denke ich an Jesus, der sich – so erzählt es uns der Evangelist Lukas immer wieder – gerne allein auf einen Berg zurückzog und die ganze Nacht auf dem Berg betete. In der Stille war er allein mit seinem Vater. Es ist eine Ahnung auch in uns, dass wir auf dem Gipfel der

Berge auch Gott näher sind. In unsere Seele ist das Urbild eingebildet, dass wir zu Gott aufsteigen sollen. Johannes vom Kreuz spricht vom Aufstieg zum Berge Karmel. Das war für ihn ein Bild für den mystischen Aufstieg zu Gott. Dieser Weg geht durch manche Dunkelheit und durch Nebel, durch Mühen und Anstrengung hindurch, um dann auf dem Berg etwas vom strahlenden Licht Gottes zu erahnen. In diesem Licht wird auf einmal alles klar. Unten im Tal haben wir nicht verstanden, was unser Leben soll. Auf dem Berg klärt sich oft etwas auf. Da sehen wir klar, worum es in unserem Leben eigentlich geht. Wir vergessen unsere kleinen Sorgen und Selbstbezogenheiten. Das Auf und Ab unseres Lebenswegs zeigt sich auf einmal in einer anderen Bedeutung. Wir kehren verändert ins Tal, in unseren Alltag zurück. Auch deshalb, weil wir offen geworden sind für das unbeschreibliche Licht Gottes, das uns in den eigenartigen Lichterfahrungen, die wir oft auf dem Berge machen dürfen, je auf neue Weise entgegenleuchtet.

Viele Wege führen vom Tal auf den Berg –
aber auf dem Gipfel staunen wir alle über
einen einzigen Mond.

(Ikkyu, Zen Dichter, 1394–1481)

BERGSTEIGEN: DAS ZIEL IMMER IM BLICK

Bergsteigen ist eine besondere Art des Wanderns. Es geht bergauf. Da gibt es die Serpentinenwege, die langsam ansteigen. Und es gibt immer wieder Felspartien, bei denen man jeden Schritt genau und achtsam setzen muss. Jeder Schritt kostet dann Anstrengung. Denn es geht steil nach oben, und ich komme unwillkürlich ins Schwitzen. Manchmal frage ich mich, warum ich mir das antue. Doch wenn ich es bewusst mache, wird mir das Steigen immer wieder zum Symbol für das Leben. Auch das Leben gelingt nicht ohne Kampf, nicht ohne Anstrengung. Und so gehe ich Schritt für Schritt weiter, auch wenn es Mühe kostet, die Füße schmerzen und der Atem schwer wird, und auch wenn ich immer stärker schwitze. Ich gebe nicht auf. Ich gehe weiter. Ich habe ein Ziel: Ich möchte diesen Berg besteigen oder zur Hütte gelangen. Ich freue mich auf die Aussicht, die mich am Ende erwartet. Das Ziel gibt mir Kraft. Es verlangt Disziplin und fordert von mir, nicht bei jedem Schritt stehen zu bleiben. So wird das Bergsteigen zur Einübung in das Leben: Ich lasse mich von Schwierigkeiten und von Durststrecken nicht abhalten, weiterzukämpfen. Ich gehe trotz aller Härten immer wieder zur Arbeit. Ich stelle mich den Problemen im Umgang mit der Familie, auch wenn mich das Kraft kostet. Ich stelle mich meinen eigenen Schwächen, die ich genauso zu überwinden hoffe wie die Klippen beim Besteigen einer Felswand oder wie die endlos langen Serpentinenwege. Ich bleibe dran, halte durch, Schritt für Schritt, auch wenn ich den Gipfel noch nicht im Blick habe, auch wenn ich nicht weiß, wie lang der Weg noch ist.

Für mich war seit meiner Jugend das Bergsteigen eine Einübung in mein Leben. Und diese Einübung hat mir sicher später auch geholfen, diszipliniert zu studieren oder ein Buch zu Ende zu schreiben, auch wenn es immer wieder auch Phasen der Frustration oder des Widerwillens gab. So kann das Bergsteigen zu einer eigenen Form der Meditation werden. Ich meditiere mich hinein in mein Leben. Und ich nehme gleichsam vorweg, was mich im Alltag, in der Arbeit an Herausforderungen erwartet. Und zugleich wächst beim Bergsteigen das Vertrauen, dass ich auch im Alltag diese Disziplin aufbringe, mich durch alle Schwierigkeiten hindurchzukämpfen.

Und stieg ich auf Berge,
Wen suchte ich je,
Wenn nicht dich?

(Friedrich Nietzsche, Also sprach Zarathustra)

BLUMEN – SCHÖNHEIT, DIE IN UNS AUFBLÜHEN MÖCHTE

„Blumen sind das Brot für die Seele", sagt man in China: Sie sind Seelennahrung als Ausdruck von Freude und Schönheit. In allen Ländern, in den unterschiedlichsten Klimazonen wachsen Blumen, deren Pracht uns immer wieder überrascht und erfreut und über deren Bedeutung wir nachdenken. Blumen haben seit jeher die Menschen fasziniert. Wir stellen sie in unsere Zimmer. Wir bringen dem Gastgeber, der uns eingeladen hat, Blumen mit. Wir beschenken die Partnerin oder Freundin mit Blumen, wenn sie Geburtstag hat oder wenn wir ihr unsere Liebe auf besondere Weise zeigen möchten. Blumengeschäfte werben mit dem Slogan: „Lass Blumen sprechen!" Aber wir kennen auch die Redeweise: „durch die Blume sprechen". Und wir sprechen von einer „geblümten" Redeweise, wenn einer in schönen Floskeln spricht, aber nicht klar zu erkennen gibt, was er eigentlich will. Andere dagegen sagen die Wahrheit „unverblümt". Aber das ist oft auch unangenehm.

Die Blume mit ihrer Blüte ist ein Sinnbild des krönenden Abschlusses und des Wesentlichen. Jeder hat seine eigene Vorliebe für bestimmte Blumen. Für manche sind vor allem die Farben der Blume wichtig. Und jede Farbe hat dann ihre eigene Bedeutung. Die Blaue Blume, von der Novalis in seinem Roman „Heinrich von Ofterdingen" spricht, ist ein Bild der romantischen Sehnsucht, die bis ins Unendliche hineinreicht. Gelbe Blumen verweisen uns auf die Sonne.

Weiße Blumen stehen für die Tradition mit dem Tod, aber auch mit der Unschuld in Zusammenhang. Rote Blumen symbolisieren das Blut – und damit zum einen die Liebe und zum anderen (in der christlichen Tradition) das Martyrium, in dem wir für andere unser Leben hingeben.

> Blühen und Welken,
> Werden und Vergehen.

Allerdings blühen die Blumen nicht immer, sondern sie verwelken. So sind sie auch Symbol der menschlichen Vergänglichkeit und Unbeständigkeit, des Werdens und Vergehens. Schon in der Bibel heißt es: „Der Mensch geht wie die Blume auf und welkt, flieht wie ein Schatten und bleibt nicht bestehen" (Ijob 14,2). Doch sie verweisen auch auf die Liebe: „Auf der Flur erscheinen die Blumen; die Zeit zum Singen ist da", heißt es im Hohenlied der Liebe (Hld 2,12). Und die Blume ist ein Symbol für den Menschen, der aufblüht: „Wie eine Blume auf der Wiese ließ ich dich wachsen. Und du bist herangewachsen, bist groß geworden und herrlich aufgeblüht" (Ez 16,7). So können wir die Blume betrachten als Bild für unser Leben. Und wir können uns fragen, ob wir gerade in der Phase des Aufbrechens aus der Knospe sind, in der Phase des Aufblühens oder der vollen Blüte – oder aber ob wir schon verwelken. Dann gilt es auch Ja dazu zu sagen, dass wir verwelken, damit etwas Neues in uns zur Blüte kommen kann.

Weil mich ihre Schönheit anspricht, bleibe ich gerne länger stehen, um eine Blume zu betrachten: die Stängel, die Blüte, die Blütenblätter. Jede hat ihre eigene Schönheit. Und jede drückt etwas aus vom Geheimnis meines eigenen Menschseins. Da ist die Schlüsselblume, die zum Bild für den Schlüssel zu meinem Herzen wird. Da ist das Veilchen als Zeichen der Demut, das Gänseblümchen als Zeichen der Unschuld, das Maiglöckchen als Bild der Freude über das neue Leben, das im Frühling aufblüht. Die Königskerze führt uns zum Geheimnis unseres eigenen Lebens und unserer eigenen königlichen Würde, die uns davor schützen möchte, uns von anderen beugen oder verbiegen zu lassen. Sie steht für Aufrichtigkeit, für Klarheit, Kraft und Beweglichkeit. Wenn ich die Königskerze meditiere, spüre ich, dass sie mich aufrichten will, dass ich mir meiner eigenen königlichen Würde bewusst werde.

Die Sonnenblume mit ihren strahlenförmig angeordneten Blütenblättern wurde im Christentum zum Symbol der Gottesliebe. Sie lädt mich ein, mich immer wieder Gott zuzuwenden, um seine Liebe in mich einströmen zu lassen. In christlichen Traktaten wird die Sonnenblume als Vorbild für die Seele gesehen, die ihre Gedanken und Gefühle unablässig auf Gott ausrichten soll. So wird sie zum Symbol des Gebets, in dem wir uns immer wieder Gott zuwenden, um seine Liebe und sein Licht in uns einströmen zu lassen. In jeder Blume sehe ich so nicht nur die Schönheit, sondern ich versuche, sie auch in ihrer Symbolik zu erkennen und zu verstehen.

Blumen drücken immer auch die Jugend, das Aufblühen jungen Lebens aus. Sie sind Zeichen für den überwundenen Winter, auch für den überwundenen Winter der Seele. Sie zeigen, dass in uns etwas aufblüht, dass wir zur Blüte kommen. Gerhard Tersteegen hat das Bild der Blume für unsere Beziehung zu Gott genommen: „Wie die zarten Blumen willig sich entfalten und der Sonne stille halten, lass mich so still und froh deine Strahlen fassen und dich wirken lassen." Wenn wir uns Gott hinhalten, wird seine Liebe in uns eindringen und uns zum Blühen bringen.

Schon das Bild einer Rose ruft Emotionen und Assoziationen hervor, die über die botanische Beschreibung hinausweisen. Rainer Maria Rilke erzählt die Geschichte, dass er einer Bettlerin statt Geld eine Rose gab. Die Bettlerin strahlte ihn an. Und eine Woche lang erschien sie nicht zum Betteln. Einer Frau, die fragte, wovon die Bettlerin denn in dieser Woche gelebt habe, antwortete der Dichter: „Von der Rose." Es ist die Schönheit, die uns nährt.

Der Rosenhag ist auch ein Bild des Paradieses. Das Paradies ist voller Rosen, voll von vielen schönen Blumen. Sie verweisen uns daher schon hier auf das paradiesische Leben, das uns erwartet. Aber schon hier dürfen wir in ihrer Schönheit etwas erahnen von der ewigen Schönheit, zu der

In Blumen sehe ich die
Erwartung des Paradieses
und das Geheimnis des Lebens.

wir berufen sind. Zugleich verweisen sie uns auch auf die Schönheit, die jetzt schon in uns ist. Rosen erinnern uns daran, dass wir das Schöne in uns selber erkennen und schauen. Wenn wir uns liebevoll anschauen, dann sind wir schön. Und wenn wir einen Menschen so liebevoll anschauen wie eine schöne Rose, dann machen wir ihn schön und dann ist er für uns schön.

So sind die Blumen Zeichen für das, was in uns wachsen und aufblühen möchte. Das Blühen wird heute in der Psychologie als Zeichen von Reife und gelingendem Leben gesehen. Wir sagen von einem Menschen, dessen Leben zum Segen für andere geworden ist: Er ist aufgeblüht, in seine Blüte gekommen. Und das Blühen verbinden wir auch mit der Liebe. Wer Liebe erfährt, der blüht auf, dessen Schönheit wird auch anderen sichtbar.

Wenn ich also tiefer hinsehe, sehe ich auch in einer Blume mehr als eine Blume. Blumen werden zu Bildern: als Symbol für Tod und Auferstehung, für die Liebe und für die Freude. All das kann ich erkennen, wenn ich eine Blume lange genug betrachte.

Willst du das Glück kennenlernen, so werde still, dass du das Sich-Öffnen der Blüte hörst.

(Japanisch)

VÖGEL SIND BILD UNSERER SEELE

Mich fasziniert es immer, Vögel zu beobachten, wie sie auf der Erde nach Nahrung suchen und wie sie dann wieder fortfliegen. Und ich höre ihr Zwitschern gerne. Es gibt Menschen, die die Vogelstimmen erkennen: den wunderschön klaren Gesang der Nachtigall, das melodische Singen der Amsel oder das charakteristische Schlagen des Buchfinks. Die Vögel gelten seit alters als Mittler zwischen Himmel und Erde. Und sie sind in alten Geschichten und Erzählungen oft Bilder der Seele. In unseren Träumen tauchen sie auf und symbolisieren Freiheit, Phantasie und Gedanken, als Kräfte der Seele. Und schon in der Kunst des frühen Christentums erscheinen Vögel als Symbole der geretteten Seelen.

> Es spricht mein Herz an, wenn ich die Vögel singen höre.

Jesus fordert uns auf, die Vögel zu betrachten als Bild für die Sorglosigkeit und für das Vertrauen: „Seht euch die Vögel des Himmels an: Sie säen nicht, sie ernten nicht und sammeln keine Vorräte in Scheunen; euer himmlischer Vater ernährt sie" (Mt 6,26). Vögel stellen die Leichtigkeit des Lebens dar. Sie singen voller Freude, im Vertrauen darauf, dass Gott für sie sorgt. Natürlich meint Jesus hier nicht, dass wir uns mit den Vögeln ganz und gar identifizieren sollen. Denn in der Schöpfungsgeschichte fordert Gott ja den Menschen auf, den Acker zu bestellen und für seinen Lebensunterhalt zu sorgen. Doch mitten in unserer ängstlichen Sorge, ob wir unseren Lebensunterhalt sichern können, sollten wir immer wieder auf die Vögel schauen, die sorglos und doch fröhlich sind.

> Vögel stellen Leichtigkeit
> und Freiheit, Vertrauen und
> Freude dar.

Jesus gebraucht aber auch ein anderes Bild. Die Vögel bauen ihre Nester. Dort fühlen sie sich daheim. Der Mensch aber ist in dieser Welt unbehaust. Er baut sich zwar Häuser. Aber sie können ihm kein endgültiges Zuhause bieten. Der Mensch ist immer auf dem Weg zur ewigen Heimat (vgl. Mt 8,20).

Von einer anderen Erfahrungen spricht der Psalmist : „Ich liege wach, und ich klage wie ein einsamer Vogel auf dem Dach" (Ps 102,8). Nicht nur in der Antike hat man Vögel mit Netzen gefangen, um sie zu verspeisen. In Psalm 124 heißt es: „Unsere Seele ist wie ein Vogel dem Netz des Jägers entkommen; das Netz ist zerrissen, und wir sind frei" (Ps 124,7). Der Vogel steht also für unsere Freiheit. Wir können den Gefahren entfliehen, indem wir unsere Seele wie ein Vogel nach oben fliegen lassen. Als Kinder haben wir in unsere Hände Vogelfutter gelegt und uns gefreut, wenn eine Meise kam und sich auf unsere Hand setzte, um das Futter zu picken. Vögel sind scheu. Doch wenn ein Vogel Vertrauen zu uns findet, dann fühlen wir uns in einer tiefen Weise mit ihm verbunden. Vom hl. Franziskus und vom hl. Antonius heißt es, dass sie den Vögeln gepredigt haben. Diese scheuen Tiere haben aufmerksam zugehört und dann mit ihrem fröhlichen Gesang geantwortet. Es spricht mein Herz an, wenn ich sie höre.

Wenn ich einen grünen Zweig in meinem
Herzen habe,
wird auch ein Vogel kommen und singen.

(Chinesisches Sprichwort)

IM NEBEL – EINGEHÜLLT IN SEINE NÄHE

Dass unser irdisches Leben eine Wanderschaft ist, ist ein altes Bild. Es ist aber auch ein spirituelles Bild, das auch unsere Beziehung zum Göttlichen anschaulich werden lassen kann und in dem wir auch die Erfahrung der Nähe Gottes ausdrücken können. Gerade an düsteren Tagen im November erfahre ich das oft: Es ist ein eigenartiges Gefühl, im Nebel zu wandern oder spazieren zu gehen. Dass der Nebel einen einhüllt, das ist für mich keine negative Erfahrung, sondern ein Bild für Gottes Nähe: eine Nähe, die mich genauso einhüllt, wie es der Nebel tut. Ich gehe gleichsam durch Gottes heilsame Gegenwart hindurch, die alles mit einem sanften Schleier bedeckt. Ich spüre nicht nur die Luft, die mich umgibt, sondern auch den Nebel. Ich sehe die Bäume durch den Schleier des Nebels hindurch. Alles ist von Gottes Gegenwart umgeben. So wie ich durch den Nebel gehe, gehe ich durch Gottes heilende Gegenwart hindurch.

> Wir können die Erfahrung machen, dass wir so mit Gott und mit der ganzen Natur eins sind, wie der Nebel sich über alles legt.

Hermann Hesse hat in einem Gedicht einen anderen Aspekt des Nebels meditiert. Für ihn erinnert der Nebel an die Einsamkeit des Menschen:

„Seltsam, im Nebel zu wandern!
Leben ist Einsamsein
Kein Mensch kennt den andern,
Jeder ist allein."

Der Nebel ist also auch ein Bild dafür, dass wir einsam durch die Welt wandern. Es gibt Bereiche, die wir nicht mit jedem teilen können. Und für Hermann Hesse ist der Nebel ein Bild für die innere Dunkelheit. Hesse litt an Depressionen. Die Depression ist ein Dunkel, das uns von anderen Menschen trennt. Wir fühlen uns nicht verstanden. Aber diese Erfahrung kann uns auch zu einer Aufgabe werden und uns weise machen. Wir können diese Dunkelheit in die sanfte Weiße des Nebels verwandeln und in der Einsamkeit das Eins-Sein mit allem, was ist, erahnen. Dann kann auch der Nebel uns in eine tiefe spirituelle Erfahrung führen: in die Erfahrung, dass wir so mit Gott und mit der ganzen Natur eins sind, wie der Nebel sich über alles legt. Die Einsamkeit wird dann nicht schmerzvoll sein, sondern ein Ort der Stille, ein Ort der Abgeschiedenheit. Abgeschiedenheit ist für Meister Eckhart ein Ausdruck tiefer Gotteserfahrung. Wir sind abgeschieden von allem äußeren, weltlichen Tun, damit wir eins werden mit dem Grund allen Seins, mit Gott, der alles durchdringt.

Nebel kann sich über alles legen. Aber so wie ich durch den Nebel gehe, gehe ich durch Gottes heilende Gegenwart hindurch.

UNTERWEGS IM SCHNEE

Für mich ist es immer eine tiefe innere Erfahrung, wenn ich durch eine verschneite Landschaft gehe. Ich spüre die Schritte, bei denen ich in den Schnee einsinke. Dann aber schaue ich auf die Landschaft: Der Schnee deckt alles zu. Die Zäune sind nicht mehr erkennbar, die Wege nicht, alles ist unter der Schneedecke begraben. Der Schnee sieht wie eine weiche Wolldecke aus, die alles zudeckt, was ich in meiner Wohnung gerne verstecken möchte. Das ist für mich ein Bild für mich selbst. Ich soll in der Schneelandschaft nicht in meinem Inneren wühlen und alle Fehler und Schwächen analysieren. Ich decke alles zu mit einer Decke der Milde und Barmherzigkeit. Und ich vertraue darauf, dass unter der Decke dann irgendwann neues Leben hervorbrechen wird.

Die Schneelandschaft atmet Stille. Und diese Stille tut mir gut beim Spaziergang. Ich bleibe öfter stehen und genieße die Stille. Und in dieser Stille öffne ich mich für das Geheimnis, das uns alle umhüllt. Ich öffne mich für Gott, dessen Liebe meine Fehler und alles Kantige und Unansehnliche zudeckt. Und ich vertraue darauf, dass die Ruhe, die von der Schneelandschaft ausgeht, auch auf mich übergeht, dass ich in mir den Ort der Ruhe finde, in dem die Liebe Gottes wohnt. Zu diesem Ort haben auch meine Fehler und Schwächen und meine Schuldgefühle wegen meiner Brüchigkeit keinen Zutritt. Da habe ich Zugang zu einem Raum der Stille und der Klarheit in mir, der nicht mehr getrübt ist von Schuldgefühlen. Und der Schnee, seine Reinheit und Klarheit, wird zum Bild für die Gnade Gottes. Und ich vertraue darauf, dass die Gnade, die zudeckt, auch alles in mir verwandelt.

> Die Schneelandschaft atmet Stille. Und die tut mir gut. In dieser Stille öffne ich mich für das Geheimnis, das uns alle umhüllt.

Und wenn dann im Laufe des Februars der Schnee schmilzt und bei uns im Park des Klosters die ersten Schneeglöckchen aus dem Boden hervorbrechen und den Frühling ankündigen, bringen sie Hoffnung in das Leben, Hoffnung auf die Überwindung von Resignation und Erstarrung, von Kälte und Depression. Diese kleine Blume wird zum Boten einer neuen Hoffnung, die in mir aufsteigt: Es lohnt sich zu leben. Es wird immer wieder neues Leben in mir aufblühen, trotz aller Brüche, die es in meinem Leben gibt.

Keine Schneeflocke
Fällt jemals
Auf den falschen Platz.

(Zenweisheit)

WEITE UND UNENDLICHKEIT: AM MEER

Das Erlebnis des großen, weiten Meeres hat seit jeher auf die Menschen einen tiefen Eindruck gemacht. Da war schon einmal der Eindruck von schäumender Kraft und starker Naturgewalt. Die Menschen in der Antike hatten Respekt vor dem Meer. Die Fahrt mit dem Schiff war voller Gefahren. Man verehrte Schiffsgötter, die einen sicher durch das Meer führen sollten. Lukas schildert uns in der Apostelgeschichte die dramatische Reise des Apostels Paulus nach Rom. Das Schiff geriet in einen Sturm. Alle Hoffnung auf Rettung schwand. Doch Paulus stand auf und rief den Matrosen zu: „Verliert den Mut nicht! Niemand von euch wird sein Leben verlieren, nur das Schiff wird untergehen" (Apg 27,22). So betete man vor jeder Fahrt um den Schutz Gottes auf dem Meer.

> Indem wir auf das Meer schauen, weitet sich unser Blick, und wir ahnen etwas von der Unendlichkeit Gottes, an der wir kleine Menschen teilhaben.

Bis heute ist das Meer für die Menschen ein Symbol unerschöpflicher Lebenskraft. Wenn man die Wellen und Wogen betrachtet, spürt man diese unendliche Kraft ganz unmittelbar. Wenn wir auf das Meer schauen, haben wir teil an dieser Kraft. Wir fühlen uns erfrischt, gekräftigt und innerlich geweitet. Doch das Meer kann auch verschlingen. Wir können untergehen im Meer. Leben und Tod sind also nahe beieinander.

Für die Mystiker war das Meer aber ein Bild des Einswerdens mit Gott. Das Meer spiegelt für sie etwas von der Unendlichkeit Gottes wieder. Auch das ist eine alte Erfahrung: Von Augustinus etwa wird erzählt, dass er am Meer spazieren ging und ein kleines Kind beobachtete, das ein Loch in den Sand gegraben hatte und mit einer Muschel in der Hand immer wieder zum Wasser lief, Wasser schöpfte, zurückrannte und das Wasser in das Loch goss, immer wieder. Und auf die Frage „Was machst du denn da?" antwortete das Kind: „Ich schöpfe das Meer in dieses Loch!"

Als Augustinus, der gerade an einem Buch über die Dreifaltigkeit schrieb, lachte, sagte ihm das Kind: „Du lachst über mich, aber du bildest dir ein, dass du die Größe und Unergründlichkeit Gottes mit deinen kleinen Gedanken ausschöpfen kannst!?"

Die Mystiker stellten sich vor, dass wir in der Meditation eins werden mit Gott, so wie die Wellen des Meeres je ihre eigene Gestalt haben und doch Teil des Meeres sind: „Im Meer werden alle Tropfen Meer. Das Tröpflein wird das Meer, wenn es ins Meer gekommen: Die Seele Gott, wenn sie in Gott ist aufgenommen", so heißt es beispielsweise im „Cherubinischen Wandersmann" von Angelus Silesius.

Das Meer ist immer auch ein Bild des Reichtums gewesen. Es birgt nicht nur ungehobene Schätze. Es ist voller

Fische, die uns nähren. Seit jeher hat man im Meer noch ungesehene Schätze vermutet. So ist das Meer für die Psychologie C. G. Jungs ein Bild für den Reichtum der Seele und für das Unbewusste, in dem viele ungehobene Schätze verborgen sind.

Deswegen waren auch Künstler immer wieder von der Weite des Meeres angezogen. Thomas Mann, der an der Ostsee geboren wurde und lange an der nordamerikanischen Pazifikküste im Exil lebte, schrieb, das Meer sei gar „keine Landschaft", sondern das „Erlebnis der Ewigkeit". Berühmt ist das Bild „Mönch am Meer" von Caspar David Friedrich. Es zeigt die Grenzenlosigkeit des Alls und die Kleinheit des Menschen. Aber es ist ein Mönch, den Friedrich da vor dem Meer stehen lässt. Damit bringt er zum Ausdruck, dass es eines spirituellen Blickes bedarf, um das Geheimnis des Meeres zu ergründen. Das Meer zeigt die Größe und Weite Gottes und die Kleinheit des Menschen. Doch indem wir auf das Meer schauen, weitet sich unser Blick, und wir ahnen etwas von der Unendlichkeit Gottes, an der wir kleine Menschen teilhaben. So kann das Meer zur Erfahrung von Weite und zugleich von Einswerden mit dem unendlichen Gott werden.

Das Meer der Zeit ist nur eine Woge auf dem Meere der Ewigkeit.

(Jean Paul)

SONNE, MOND UND STERNE –
GROSSES, EHRFÜRCHTIGES STAUNEN

Es ist eine intensive Erfahrung, zu spüren: Wir Menschen sind hineinverwoben in Natur und Kosmos, hineingenommen in den Rhythmus eines Lebens, das unser Dasein leibhaftig bestimmt. Sonne, Mond und Sterne sind nicht einfach Gestirne am Himmel. Seit Urzeiten haben die Menschen darin ein Symbol für ihr Leben gesehen.

Mein Vater hat uns Kindern abends in unserem Garten oft die Sterne erklärt. In seinen Worten spürte ich seine Bewunderung für die Schönheit der Sterne und für die Größe des Weltalls. Ich konnte mir zwar die einzelnen Sternbilder nicht merken. Aber auch heute noch bin ich, wenn ich zum nächtlichen Sternenhimmel aufschaue, fasziniert von diesem Anblick. Von der Astronomie her weiß ich, wie unendlich weit die Sterne von der Erde entfernt sind und dass wir nur einen kleinen Teil der Sterne sehen können. Umso ehrfürchtiger stehe ich vor dem Sternenhimmel. Ich stelle mir vor, wie klein unsere Erde ist im Vergleich mit den unzähligen Sternen, die wir sehen können, und der noch viel größeren Anzahl an Sternen, die für uns unsichtbar bleiben. Da bin ich nicht nur von der Schönheit, sondern auch von der Größe der Schöpfung berührt. Und ich halte inne. Zugleich verbindet mich der Blick auf den Sternenhimmel mit vielen Menschen, von denen ich weiß, dass sie jetzt in ihrer Heimat – weit von mir entfernt – den gleichen Himmel betrachten. Nicht nur die Sonne geht über allen Menschen auf, auch der Mond verbindet uns miteinander, ebenso wie die Sterne und die verschiedenen Sternbilder.

> Wir Menschen sind hineinverwoben in den Kosmos, leibhaftig bestimmt vom Rhythmus des Lebens, vom Werden und Vergehen.

Die Sonne spendet dem Menschen Licht. Seit alters haben viele Völker die Sonne als Gott verehrt. Die Christen haben Jesus als die wahre Sonne gesehen. Sie übertrugen den römischen Kult des „Sol invictus", des unbesiegbaren Sonnengottes, auf Jesus. Daher haben sie Weihnachten auf den 25. Dezember gelegt, das Fest des unbesiegten Sonnengottes: Mit dem kosmischen Datum der Wintersonnenwende als „Geburt" des neuen Lichts und des neuen Jahres verbinden sie das Fest von Christi Geburt. Die Christen haben die Sonne auch mit Ostern verbunden, dem Erlösungsfest, das immer am Sonntag nach dem ersten Frühlingsvollmond gefeiert wird. So wie die Sonne jeden Morgen aus der Dunkelheit auftaucht, so leuchtet Christus aus dem Grab als die Ostersonne auf. Jeden Morgen besingt die Kirche den Sonnenaufgang mit Bildern, die das Geheimnis der Auferstehung deuten. Christus vertreibt alle Finsternis aus unserem Herzen. Er steht siegreich aus dem Tode auf. Das Licht hat die Finsternis besiegt. Das Leben und die Liebe sind stärker als der Tod. Wir erleben die Sonne als Bild der Wärme und der Liebe. Wenn wir uns im Frühling oder im Herbst in die

Sonne stellen, können wir uns vorstellen, wie Gottes Liebe unseren Leib durchdringt, wie wir uns ganz und gar geliebt fühlen. Im Sommer schützen wir uns nicht nur vor der prallen Sonne, sondern wir genießen auch die Sonne, die der Landschaft ihre Schönheit schenkt.

Im Griechischen und Lateinischen ist die Sonne männlich und der Mond weiblich. Im Deutschen ist es umgekehrt. Doch auch die Germanen verbanden den Mond mit dem weiblichen Zyklus. Beim Mond hat seit jeher seine wechselnde Gestalt fasziniert: Bei Vollmond ist der ganze Mond sichtbar. Dann nimmt er ab, bis er nicht mehr sichtbar ist. Als Neumond nimmt er wieder zu. Der Rhythmus des Mondes wurde mit dem Rhythmus von Werden und Vergehen verglichen. Und alle Völker haben ihre Zeitmessung nach dem Mond gerichtet. Und sie haben den Mond als Bild des Weiblichen gesehen. Sein Rhythmus gilt als Bild der Fruchtbarkeit und des Lebens, das entsteht und vergeht. Der Mond ist für viele Dichter ein Bild der Liebe. Berühmt ist das Lied, das Matthias Claudius gedichtet hat: „Der Mond ist aufgegangen". Der Mond ist für ihn ein Bild für das Unsichtbare, das unseren Augen entzogen ist, und für die Wirklichkeit des Geheimnisses: „Seht ihr den Mond dort stehen? Er ist nur halb zu sehen und ist doch rund und schön. So sind wohl manche Sachen, die wir getrost belachen, weil unsre Augen sie nicht sehen."

Auch die Sterne am Himmelszelt haben die Menschen seit jeher fasziniert. Der Blick zum nächtlichen Himmel lässt uns die Weite des Kosmos spüren und die Größe Gottes erahnen, der das alles geschaffen hat. Die nicht fassbare Vielzahl an Sternen weckt in uns die Sehnsucht nach dem Unendlichen. Und die Einsicht der Kosmologie, dass auch die Lebewesen unserer Erde in ihrer chemischen Beschaffenheit aus Sternenstaub gebildet sind, verbindet uns mit den Gestirnen, die wir am Himmel sehen. Das lateinische Wort für Sehnsucht, „desiderium", hat in sich die „sidera", die Sterne. Sehnsucht heißt also für die Lateiner, dass wir die Sterne auf die Erde bringen. Der Liebende nennt die geliebte Frau „seinen Stern". Ein „Stern" verbindet im Bild Liebe und Heimat. Dieses Bild ist für viele der Ausdruck einer tiefen Sehnsucht nach dem Ort, an dem sie sich geborgen und geliebt fühlten.

In den Sommermonaten begegnen wir allen drei Gestirnen. Nehmen Sie die Sonne in ihren verschiedenen Qualitäten wahr, wenn sie morgens aufgeht und abends wieder untergeht. Sonnenaufgang und Sonnenuntergang sind immer aufs Neue erhebende Schauspiele, die unser Herz tief berühren. Schauen Sie auf zum Mond und zu den Sternen und spüren Sie die Sehnsucht nach Liebe, die dann in Ihnen auftaucht. Und bewundern Sie den Sternenhimmel, bestaunen Sie die Größe Gottes, der den Himmel – so sagt uns die Schöpfungsgeschichte der Bibel – so wunderbar mit Sternen geschmückt hat. Das Staunen ist nicht nur der Anfang des Denkens und der Philosophie. Es ist auch ein Weg der Frömmigkeit und ein Weg zu Gott.

6

Vom Reichtum der Beziehung – In Verbundenheit mit anderen

Keiner ist eine Insel. Wir leben nicht allein auf dieser Welt. Wir sind in unserem Alltag verbunden mit vielen Menschen. Schon die Griechen definierten den Menschen als „zoon politikon", als Lebewesen, das von Natur aus auf Gemeinschaft ausgerichtet ist. Die Beziehungen zu anderen Menschen sind für uns ein wichtiger Nährboden, auf dem unser Leben gedeiht. Dabei denke ich nicht nur an die Menschen, mit denen ich verwandt bin, an Nachbarn, an Freunde und Freundinnen, an Mitbrüder, an Mitarbeiter und Mitarbeiterinnen. Ich denke auch an die Menschen, die vor mir gelebt haben, an die eigenen Vorfahren. Dann aber auch an alle, die sich vor mir mit den großen Fragen des Menschseins beschäftigt haben, die Bücher geschrieben haben, die vor mir als Philosophen oder Theologen sich Gedanken gemacht haben über das Geheimnis des Menschen und Gottes. Und ich denke an all diejenigen, die unsere Welt, so wie wir sie heute vorfinden, gestaltet haben: an Politiker, Wirtschaftler, Erfinder, Komponisten, Maler, Architekten, aber auch an ganz einfache Menschen, die ihren Teil dazu beigetragen haben, dass ich in der Welt leben kann, so wie sie ist. Mein Leben gründet auf dem Werk und der Leistung vieler Menschen vor mir. Schon wenn ich durch die Straßen einer Stadt gehe und die alten Kirchen und wichtige Bauten sehe oder wenn ich durch eine Landschaft wandere, die von Generationen vor mir gepflegt und kultiviert worden ist, dann spüre ich, dass wir immer schon in Beziehung mit vielen Menschen um uns und vor uns leben.

Martin Buber hat das berühmte Wort gesagt: „Ich werde am Du." Das heißt: Ich entdecke, wer ich selbst bin, wenn ich die Beziehung zu anderen Menschen lebe. In der Begegnung mit einem anderen begegne ich immer auch mir selbst und meiner eigenen Wahrheit. Die Begegnung ist aber immer auch eine Quelle der Kraft. Die Begegnung verwandelt mich. Im Kontakt mit anderen spüren wir die eigene Lebendigkeit neu. Wir erfahren: Im Miteinander kann etwas aufblühen und wachsen.

Die Verbundenheit mit anderen Menschen tut mir gut. Heute leiden viele daran, dass sie sich nirgendwo zugehörig fühlen. Wenn ich mich verbunden fühle mit anderen, mit den Menschen meiner Verwandtschaft, mit den Menschen in meinem Dorf, in meiner Stadt, in meinem Land, dann fühle ich mich zugehörig. Aber es gilt, diese Verbundenheit auch wahrzunehmen und zu gestalten. Viele tun so, als ob sie ganz allein wären, als ob es für die anderen völlig unwichtig wäre, ob sie leben oder nicht. Eine solche Selbstwahrnehmung raubt uns alle Freude am Dasein. Wenn ich mich aber verbunden weiß und wenn ich mich auch durch meine Ausstrahlung, die ich in die Welt sende, ein Stück weit verantwortlich weiß für die Menschen um mich herum, dann werde ich achtsamer und bewusster leben. Dann spüre ich mich selbst auch in meiner Verantwortung für die Welt.

VON UNSEREN WURZELN

Jeder von uns hat Wurzeln in seinen Eltern, in seinen Großeltern und in seinen Vorfahren. Wir verdanken ihnen nicht
nur unser Leben, sondern auch viele unserer Charakterei-
genschaften, selbst viele Prägungen unserer Lebensauf-
fassung. Wer sich selbst abschneidet von seinen Wurzeln,
dessen Lebensbaum verdorrt. Ohne Wurzeln keine Flügel,
kann man im Anschluss an Goethe sagen. Der Psychologe Daniel Hell meint, Wurzellosigkeit sei eine der vielen
Ursachen von Depression. Daher ist es gut, sich der eigenen Wurzeln innezuwerden. Das geschieht nicht nur, indem
wir uns für unseren Stammbaum interessieren. Vielmehr
braucht es erst einmal einen Blick auf die eigenen Eltern.
Was war deren Lebensphilosophie? Woraus haben sie gelebt? Was hat ihnen geholfen, ihr Leben zu meistern? Was
war ihre Art von Spiritualität? Was haben sie selbst mit-
gebracht in unsere Familie? Wie war ihre eigene Kindheit
und Prägung? Wenn wir uns der eigenen Wurzeln bewusst
werden, kommen wir auch mit den Quellen in Berührung,
aus denen wir heute unsere Kraft schöpfen können. Und wir
verstehen uns selbst besser.

Unsere Wurzeln, das sind aber nicht nur unsere Vorfahren, sondern auch die Welt, in der wir herangewachsen sind,
die Kultur, in die wir hineingeboren wurden. Die Kultur, die
uns umgibt, ist geprägt einmal durch die Städte und Dörfer
mit ihren Bauwerken, mit ihren Kirchen und Burgen. Sie
ist aber auch geprägt durch die Sprache, durch die Kunst,

durch Traditionen und Feste. All das atmen wir quasi ein. Es prägt uns im Alltag. Es wurzelt sich in uns ein. Wir müssen daher auch nicht von vorne anfangen, wenn wir denken und fühlen. Wir sind hineingeboren in eine Kultur des Denkens, des Sprechens, des Fühlens, des Umgangs miteinander. Und es ist gut, diese Wurzeln wahrzunehmen, sich ihrer bewusst zu werden und sie dankbar anzuschauen.

Die Wurzeln stärken uns und nähren uns. Die Wurzeln geben unserem Leben auch eine eigene Würze, sie verleihen uns einen eigenen Geschmack. Ein Weg, mit den Wurzeln in Berührung zu kommen, sind Rituale. Wenn wir Rituale feiern, mit denen unsere Vorfahren etwa Weihnachten und Ostern gefeiert haben, haben wir teil an ihrer Kraft. Die Vorfahren haben sich an diesen Ritualen festgehalten in Zeiten der Armut und Not, in Kriegs- und Friedenszeiten. Sie haben ihr Leben bewältigt, indem sie die Rituale gefeiert haben. Wenn wir sie wiederholen, dürfen wir vertrauen, dass auch wir unser Leben in einer guten Weise bewältigen können.

> Ohne Wurzeln keine Flügel: Es ist gut, unsere Wurzeln wahrzunehmen, sich ihrer bewusst zu werden und sie dankbar anzuschauen.

VOM ALLEINSEIN UND DER GEMEINSCHAFT

Jeder Mensch braucht eine Gemeinschaft, die ihn trägt. Aber er braucht auch das Alleinsein. Er braucht Verbindung mit anderen, aber auch Abgrenzung. Ich selber lebe in einer Mönchsgemeinschaft und habe teil an ihrem Leben. Ich stehe gemeinsam mit meinen Mitbrüdern auf, ich treffe mich mit ihnen fünfmal am Tag zum Chorgebet. Ich halte mit ihnen Mahl. Und ich arbeite zusammen mit ihnen und spreche mit ihnen über das, was uns trägt. Ich bin dankbar für die Gemeinschaft, die mir auch vieles abnimmt. Ich brauche nicht für den Haushalt zu sorgen. Ich brauche nicht einzukaufen, nicht zu kochen. Der Tisch ist immer gedeckt. Doch ich brauche auch das Alleinsein. Der Mönch ist ja einer, der sich bewusst von der Welt trennt, der bewusst in die Einsamkeit geht. Das Alleinsein auf meiner Klosterzelle ist mir wichtig. Und auch das Gefühl, mich allein zu fühlen, gehört zu mir. Manchmal ist das Gefühl des Alleinseins von Traurigkeit begleitet. Doch wenn ich das Alleinsein bewusst aushalte, dann kann ich durch die Traurigkeit in den Grund meiner Seele gelangen, in dem ich mich eins fühle mit allen Menschen, mit der ganzen Schöpfung und eins mit Gott und mit mir selbst. Peter Schellenbaum meint, die Kunst des Umgangs mit der Einsamkeit bestehe darin, das Alleinsein in ein All-eins-Sein zu verwandeln. Wenn mir das gelingt, dann fühle ich mich nicht mehr einsam, sondern zugehörig zur ganzen Welt. Dann bin ich mit allen verbunden. Und ich weiß: Alles, was ich selbst denke und spreche und schreibe und tue, das hat auch Auswirkungen auf die Menschen in der Welt. Ich fühle mich auch in allem, was ich allein tue, verbunden mit allen Menschen und auch verantwortlich für sie. Dieses Bewusstsein gibt meinem Leben Würde und Ernst. Aber es schenkt mir auch das Gefühl von Getragensein.

Alleinsein darf aber nicht zur Isolierung führen. Viele Menschen fühlen sich heute vereinsamt. Und sie erwarten dann von anderen Menschen, dass sie ihnen das Gefühl des Alleinseins nehmen. Aber es ist unsere Aufgabe, uns auf der einen Seite auszusöhnen mit dem Alleinsein, auf der anderen Seite aber auch auf andere Menschen zuzugehen. Wir können nicht nur von anderen erwarten, dass sie uns die Erfahrung von Gemeinschaft schenken. Wir müssen selbst etwas tun, damit wir das Geschenk der Gemeinschaft erfahren. Eine wichtige Voraussetzung dafür ist, dass wir uns nicht über andere stellen, sondern bereit sind, uns den Menschen, denen wir begegnen, zu öffnen, und so mit ihnen Gemeinschaft erleben dürfen. Schon ein freundlicher Blick oder ein aufmunterndes Wort zum Nachbarn hin stiftet Gemeinschaft. Für die Erfahrung von Gemeinschaft sind wir selbst verantwortlich. Immer wieder, jeden Tag.

Lebe einzeln und frei wie ein Baum,
aber brüderlich wie ein Wald.

(Nazim Hikmet)

VON FREMDEN UND VON VERTRAUTEN

Es ist schön, mit vertrauten Menschen zu sprechen. Da entsteht eine Nähe im Gespräch. Und ich kann offen über alles sprechen, was mich bewegt. Ich fühle mich verstanden. Vertrautes schafft Sicherheit und Vertrauen. Und ich verstehe mein Gegenüber, das mir sein Herz öffnet. Genauso gerne aber spreche ich auch mit fremden Menschen. Sie öffnen mir eine andere Welt, machen meine eigene Welt reicher. Sie machen mich neugierig, und ich will gerne erfahren, wie sie denken und fühlen, wie sie aufgewachsen sind, von welcher Kultur sie geprägt sind. Der Fremde wird dann für mich zu einem Spiegel, in dem ich mich selbst anschaue und in dem ich etwas entdecke, was mir bisher fremd gewesen ist. Der Fremde bringt mich in Berührung mit dem Fremden in mir. Und so wird er zu einer Bereicherung meiner eigenen Selbsterfahrung.

Wir brauchen beides: vertraute Menschen, die uns Geborgenheit und Sicherheit schenken. Gerade heute, im Zeitalter der Migration, die auch in unserer nächsten Umgebung zu Veränderungen führt, sehnen sich viele Menschen nach der Vertrautheit der Menschen um sie herum. Sie möchten ihre eigene vertraute Welt behalten und kämpfen dafür. Doch oft schotten sie sich dann voller Angst gegenüber den Fremden ab. Die Geborgenheit bei vertrauten Menschen sollte uns auch öffnen für die Fremden. Unsere Geborgenheit trägt nur dann, wenn wir sie öffnen für andere und so auch Fremden etwas von dieser Geborgenheit vermitteln.

Die Angst vor den Fremden in unserer Umgebung ist oft Ausdruck der Angst vor dem Fremden in uns. Wir sollen diese Angst nicht bewerten, sondern sie einfach wahrnehmen. Aber wir sollten dann auf die Angst reagieren. Sie könnte zur Einladung werden, das Fremde in uns anzuschauen oder uns zu fragen: Was ist es eigentlich, was mir Angst macht? Fürchte ich mich vor Überfremdung? Dann würde diese Angst mich herausfordern, mich selbst noch mehr zu spüren, mir selbst vertraut zu werden, damit ich mir selbst nicht fremd werde.

> Nur durch Vertrauen entsteht
> ein neues Vertrautsein.

In der Antike gab es beides: die Angst vor dem Fremden und die Verpflichtung zur Gastfreundschaft. Indem ich den Fremden, vor dem ich Angst habe, als Gast freundlich aufnehme, überwinde ich die Angst. Die Lateiner haben den Fremden ursprünglich „hostis" genannt. Er war ein Feind. Doch der wurde dann zum „hospes", zum Gastfreund. Die frühen Christen haben die Gastfreundschaft gepflegt. Der Hebräerbrief ermahnt sie: „Vergesst die Gastfreundschaft nicht; denn durch sie haben einige, ohne es zu ahnen, Engel beherbergt" (Hebr 13,2). Wenn der Fremde, den ich gastfreundlich aufnehme, zum Engel wird, zum Boten Gottes, dann ist die Angst vor dem Fremden überwunden. Und durch Vertrauen entsteht ein neues Vertrautsein.

VOM NÄCHSTEN UND FERNSTEN

Der Philosoph Hans Jonas hat sein Hauptwerk „Das Prinzip Verantwortung" genannt. Er spricht davon, dass wir heute in unseren Entscheidungen immer auch die Folgen für die gesamte Welt, also für die Nahen und die Fernen, für die Gegenwärtigen und für die Zukünftigen, im Blick haben sollen. Unsere Verantwortung erstreckt sich nicht nur auf den engsten Kreis, die Familie, die Freunde, die Nachbarn, das eigene Volk, sondern auf die gesamte Welt. Wir erfahren heute, wie eng diese Welt zusammenrückt. Gerade in Zeiten der Globalisierung wird deutlich, wie sehr alles miteinander verbunden und voneinander abhängig ist: Wir sind hineingeflochten in größere Zusammenhänge, nicht nur technisch, sondern auch wirtschaftlich, politisch und kulturell. Wie wir leben, also unser Lebensstil, unser Konsumverhalten, unser Umgang mit der Natur, all das hat Auswirkungen, auch auf Menschen in entfernten Gegenden der Welt und auf die scheinbar weit entfernt liegende Zukunft der Menschen, die nach uns kommen werden. Verantwortung wahrnehmen heißt: Der Blick in die Ferne darf uns die Augen nicht verschließen vor den Menschen, die in unserer Nähe sind – aber auch umgekehrt.

Schon die Bibel macht uns darauf aufmerksam, dass Nächstenliebe den Fremden nicht ausschließt: Jesus spricht in der Erzählung vom barmherzigen Samariter davon, dass jeder Fremde für uns zum Nächsten werden kann. Der Mann, der unter die Räuber fiel, wurde für den fremden

Mann aus Samaria, einer Gegend, auf die die Juden mit Verachtung schauten, zum Nächsten. Und er sorgte für ihn.

Aber ich kenne auch Menschen, die sich für die Menschen in der Ferne einsetzen, etwa in der Friedensbewegung oder in der ökologischen Bewegung. Sie wissen über die Situation in Afrika und Lateinamerika, in Australien und Neuseeland Bescheid. Aber sie gehen an den Nächsten vorbei, die in ihrer Nähe wohnen. Eine Frau erzählte mir von ihrem Mann, der in der Friedensbewegung tätig war und sich für viele Menschen einsetzte. Aber die eigene Familie vergaß er darüber. Er übernahm Verantwortung für die Fernen, aber die Verantwortung für die Nahen lehnte er ab.

Es braucht also immer ein gutes Miteinander der Sorge für die Nächsten und für die Fernsten. Mein Blick soll nicht beschränkt sein auf meine Familie, mein Dorf, meine Firma. Ich soll meinen Blick immer auch weiten und die Folgen meines Handelns auch für die Menschen in der Ferne bedenken. Sie sind ein Testfall für unsere Nächstenliebe und für unsere Verantwortung, die wir für andere Menschen übernehmen.

> Alles, was wir tun,
> hat Auswirkungen.

VON DER LIEBE

Nach Liebe sehnen wir uns alle. Und jeder von uns hat schon Erfahrungen von Liebe gemacht, hat gespürt, wie ein Mann, eine Frau ihn liebt und erfahren: Diese Liebe tut gut. Sie verwandelt uns. Sie hinterlässt einen neuen Geschmack des Lebens. Ich erfahre die Liebe aber nicht nur, wenn ein anderer Mensch mich liebt. Sie ist mehr als romantisches Verliebtsein, das unser Leben verzaubert. Die Liebe – so sagt es uns schon Platon und nach ihm Paulus im Hohenlied der Liebe (1 Kor 13) – ist eine Macht, die allem Sein zugrunde liegt. Und Novalis, Naturphilosoph und Dichter der Romantik, nennt sie „das Amen des Universums": also die letzte, bejahende Kraft der ganzen Wirklichkeit. Auch in der Meditation kann ich diese Erfahrung machen, dass auf dem Grund meiner Seele Liebe ist. Sie ist einfach da wie eine nie versiegende Quelle, die mich durchströmt, oder ich erfahre sie wie eine Glut, die mich wärmt. Manche drücken diese Erfahrung dann so aus, dass sie in diesem Augenblick Liebe sind. Dann strömt die Liebe einfach durch sie hindurch zu allem, was um sie ist, zu den Menschen, zu den Pflanzen und Tieren, in die Räume ihres Hauses. Manchen Menschen sieht man es tatsächlich an, dass sie Liebe sind. Ihr Gesicht strahlt diese Liebe aus.

Die moderne Evolutionsforschung hat erkannt, dass die Liebe auch der Motor der Evolution ist. Auch im Tierreich und im Pflanzenreich ist die Verbundenheit jene Kraft, die allem zugrunde liegt und die auch dem Überleben dient.

Denn die Lebewesen überleben, die sich mit anderen verbinden und verbunden fühlen. Diese kosmische Liebe als Verbundenheit mit allem, was ist, ist eine Macht, aus der auch wir schöpfen.

> In jeder Liebe, die wir zwischen
> uns Menschen erfahren, berühren
> wir Gott als Liebe.

Gott selbst ist diese Liebe, die den ganzen Kosmos durchdringt und als Kraft alles in ihrem Wirken zusammenhält und auch uns trägt. Paulus sagt, dass die Liebe Gottes ausgegossen ist in unsere Herzen durch den Heiligen Geist (Röm 5,5) .Wir können aus dieser Quelle schöpfen, auch wenn wir emotional gerade keine Liebe spüren. Diese Liebe, die auf dem Grund unserer Seele strömt, ist eine Macht, die uns drängt, aus uns herauszugehen, auf andere zuzugehen und ihnen mit Wohlwollen zu begegnen. Johannes sagt von dieser Liebe: „Furcht gibt es in der Liebe nicht, sondern die vollkommene Liebe vertreibt die Furcht" (2 Joh 4,18). Die Macht der Liebe ist also eine Kraftquelle. Sie befreit uns von der Angst. Sie ist auch nichts, was wir leisten müssen. Es geht in unserem Leben wesentlich darum, mit dieser Liebe in Berührung zu kommen, die in uns ist, und dann den Mut aufzubringen, aus ihr zu leben und nicht aus der Angst.

Wer diese Erfahrung von Liebe macht, der erfährt Gott. Gott ist Liebe, auch als ein Du, das mich liebt. Aber er ist nicht nur der Liebende, er ist in seinem Wesen Liebe. Liebe ist in allem und durchdringt alles. Und auf Gott als Liebe können wir die Worte aus der Areopagrede des Paulus beziehen: „In ihm leben wir, bewegen wir uns und sind wir" (Apg 17,28).

Auch in der oft brüchigen Liebe, mit der wir uns gegenseitig lieben, ist etwas von der Liebe spürbar, die Gott ist – einer Liebe, die ohne Brüche ist, auf die wir uns unbedingt verlassen können. In jeder Liebe, die wir zwischen uns Menschen erfahren, berühren wir Gott als Liebe.

Tritt aus dem Kreislauf der Zeit heraus
und in den Kreislauf der Liebe ein.

(Rumi)

VON DER FREUNDSCHAFT

In der Antike haben viele Philosophen das Lied der Freundschaft gesungen. Augustinus hat das schöne Wort geprägt: „Sine amico nihil amicum", „Ohne Freund gibt es nichts Freundliches." Oder: Ohne Freund kommt einem nichts freundlich vor in dieser Welt. Die Griechen unterscheiden zwischen der erotischen Liebe (eros) und der Freundesliebe (philia). Die Freundesliebe will den Freund nicht besitzen. Sie liebt den Freund, weil er Freund ist, um seiner selbst willen. Die griechischen Philosophen meinen, dass nur gute Menschen wirklich Freunde sein können. Sonst gibt es nur Komplizen, aber keine wahren Freunde.

> Ein Freund, das ist jemand, der auf die Melodie deines Herzens hört – und sie dir wieder vorsingt, wenn du sie einmal vergessen hast.

Freundschaft ist Beziehung. In der Freundschaft komme ich mit mir selbst in Beziehung und mit dem anderen. Viele sehnen sich nach Freundschaft, aber sie sind zugleich unfähig dazu. Sie sehnen sich nach Nähe, haben aber zugleich auch Angst davor. Denn dann müssten sie sich ja selbst zeigen. Und je näher ich dem anderen komme, desto mehr zeige ich ihm von mir selbst. Und jeder weiß, dass wir nicht nur Gutes und Perfektes zu zeigen haben, sondern auch unsere Fehler und Schwächen. Aber mit allem, was ich bin, angenommen zu sein, ist ja gerade die tiefste Sehnsucht, die uns alle umtreibt. Die Freundschaft hilft mir einerseits, mich selber ganz und gar anzunehmen. Zugleich aber verlangt die Freundschaft, dass ich selber mit mir, so wie ich bin, auch mit meinen Fehlern und Schwächen, freundlich umgehe. Wenn sich Menschen bei mir beklagen, dass sie keinen Freund finden, frage ich sie immer: Gehst du denn selber mit dir freundlich um? Das ist die erste Bedingung für das Gelingen einer Freundschaft. Die zweite Bedingung ist, dass ich auch die anderen Menschen mit guten Augen anschaue, dass ich an das Gute in ihnen glaube. Wenn ich mit dieser Offenheit auf jemanden zugehe, dann kann auch Freundschaft wachsen. Es braucht Geduld und Vertrauen, damit eine Freundschaft wächst. Und die Freundschaft braucht Pflege. Ich brauche Zeit für den Freund. Und es bedarf der Rituale. Rituale geben der Freundschaft, was sie braucht: Klarheit, Sicherheit und Vertrauen.

Gott macht die Freunde.
Gott bringt den Freund zum Freund.

(Platon)

VON SELBSTVERWIRKLICHUNG
UND HINGABE

Nicht selten hat man Selbstverwirklichung als egoistisch und als unchristlich diffamiert. Doch Jesus ruft uns in seiner Botschaft immer wieder dazu auf, ganz wir selbst zu werden. Er fordert uns auf, uns frei zu machen von den Erwartungen der Eltern, der Umgebung. Er traut uns zu, dass wir ihm nachfolgen. Und Jesus nachzufolgen heißt letztlich, dem inneren Impuls zu folgen, in dem er uns zeigt, wer wir eigentlich sind. Jesus spricht zu uns in den leisen Impulsen unserer Seele. Und diese Impulse sind für ihn wichtiger als die Zustimmung des Vaters oder der ganzen Familie (vgl. Lk 9,57ff). Theologisch gesehen kann man sagen: Das Ziel unseres Menschseins ist, dass wir das Bild, das Gott sich von jedem von uns gemacht hat, immer klarer zur Entfaltung zu bringen. Das meint aber auch, dass wir immer mehr wir selber werden: dieser einmalige Mensch, als den Gott uns geschaffen hat. Nichts anderes meint letztlich Selbstverwirklichung.

Selbstverwirklichung heißt jedoch nicht, dass wir egoistisch nur unsere Wünsche durchsetzen und leben. Jesus fordert uns auch auf, unser Ego loszulassen: „Wer mein Jünger sein will, der verleugne sich selbst, nehme täglich sein Kreuz auf sich und folge mir nach" (Lk 9,23). Viele haben gerade diese Worte Jesu als Aufruf zur Selbstverleugnung verstanden und damit die Selbstverwirklichung als gegen den Geist Jesu gerichtet gedeutet. Doch Jesus will uns auffordern, von unserm Ego zu lassen. Sich zu verleugnen meint: Widerstand zu leisten gegen die Herrschaft des Ego. Dieses Ego will immer im Mittelpunkt stehen, es will imponieren und sich im Vergleich immer besser darstellen als andere. Wir sollen frei werden von diesem Zwang des Ego, damit wir ganz wir selber werden. Und zu unserer Selbstwerdung gehört, dass wir das Kreuz täglich auf uns nehmen. Das meint, dass wir täglich Ja sagen zu den Gegensätzen, die wir in uns vorfinden. Die Gegensätze anzunehmen ist das Gegenteil von egoistischem oder narzisstischem Kreisen um sich selbst. Denn wer seine Gegensätze annimmt, der kommt in ein realistisches Verhältnis zu sich selber. Er verabschiedet sich von seinem Ego, das sich dadurch auszeichnet, große Selbstbilder zu entwerfen, Bilder von einem perfekten und immer erfolgreichen Menschen.

> Selbstverwirklichung gelingt nur dann, wenn ich mich ganz auf das Leben einlasse. Wirkliches Leben ist immer auch Hingabe.

Sich hinzugeben vermag nur der, der sich selbst besitzt. Insofern gehören Selbstverwirklichung und Hingabe zusammen. Wer nur egoistisch um sich kreist, dessen Leben kommt nicht in Fluss. Und dass das Leben fließt, darin – so sagt uns die Psychologie – besteht wahres und erfülltes Leben. Hingabe heißt: in Fluss kommen, von sich selbst frei werden und sich hingebungsvoll auf das einlassen, was ich tue, mich hingebungsvoll auf das Gespräch mit einem Menschen einlassen, mich ganz der Arbeit hingeben. Darin besteht die wahre Erfüllung des Lebens. Denn immer wenn wir einen Pol allein leben wollen, geraten wir aus dem Gleichgewicht und verfehlen unser Menschsein.

Wenn ich von Hingabe spreche, dann reagieren manche allergisch. Sie setzen Hingabe gleich mit: sich aufgeben. Sie verstehen Selbstverwirklichung als Erfüllung der eigenen Wünsche. Doch Selbstverwirklichung meint: ganz ich selber werden, ganz die einmalige Person werden, als die mich Gott geschaffen hat. Selbstverwirklichung gelingt nur in der Offenheit auf Gott hin. Und sie gelingt nur dann, wenn ich mich ganz auf das Leben einlasse. Wirkliches Leben ist immer auch Hingabe. Es gibt keine Liebe ohne Hingabe, es gibt auch keine Arbeit ohne Hingabe. Indem ich mich ganz auf einen anderen Menschen, auf eine Arbeit, eine Aufgabe einlasse, verwirkliche ich mein wahres Selbst. Kennzeichen des wahren Selbst ist die Fruchtbarkeit oder – wie Psychologen heute sagen – das Aufblühen.

VON MITGEFÜHL UND SELBSTLIEBE

Schon das Alte Testament (Lev 19,18) stellt die Forderung auf: „Du sollst deinen Nächsten lieben wie dich selbst." Und Jesus bestätigt dieses alttestamentliche Gebot (Lk 10,27). Wir brauchen das richtige Gleichgewicht zwischen Selbstliebe und Nächstenliebe, zwischen dem Gespür für uns selbst und dem Mitgefühl für den anderen Menschen. Es gibt Menschen, die man als konfluente Persönlichkeiten bezeichnet: Sie zerfließen in ihrem Gefühl mit dem anderen, aber sie helfen ihm nicht wirklich, weil sie keinen Selbststand haben. Andere wieder kreisen nur um sich selbst. Doch solche ausschließliche Selbstliebe führt – so die Psychologin Ursula Nuber – in die Egoismusfalle: Die Erfahrung des Isoliertseins von den andern Menschen macht nicht glücklich.

Sich selbst lieben bedeutet nicht: egoistisch um sich selbst kreisen. Vielmehr verlangt die Selbstliebe, dass ich mich so annehme, wie ich bin. Ich nehme meinen Leib an, in seiner Schönheit, aber auch mit seinen Begrenzungen. Ich nehme mich an mit meinen Stärken, aber auch mit meinen Schwächen. Nur wenn ich mich selbst liebe, werde ich den anderen wahrhaft lieben können. Denn ohne Selbstliebe wird meine Liebe zum Nächsten entweder vereinnahmend oder aber hart, mit Aggressionen vermischt. Und ich werde das, was ich bei mir nicht liebe, in den anderen projizieren und bei ihm auch nicht lieben können. Dann muss ich mich zwingen, den anderen zu lieben. Aber eine zwanghafte

Liebe wird mich selbst überfordern. Und für den Nächsten wird sie keinen Segen bringen.

Jesus antwortet auf den Gesetzeslehrer, der ihm das Gebot der Nächstenliebe aus dem Alten Testament zitiert, mit der Erzählung vom barmherzigen Samariter. Dieser Samariter hat Mitgefühl für den Mann, der unter die Räuber gefallen ist und halbtot am Wegesrand liegt. Der Priester und Levit gehen daran vorbei. Sie kreisen nur um die Erfüllung der Gebote, ohne Mitgefühl für den Mitmenschen. Doch der Samariter, der seinem Mitgefühl für den verletzten Mann folgt, sorgt auch für sich selbst. Er weiß um seine Grenze. Er tut, was er kann. Aber dann gibt er den verwundeten Mann auch in die Sorge des Wirtes in der Herberge, zu der er den Mann gebracht hat. Er schafft also einen guten Ausgleich zwischen der Sorge für den anderen und der Selbstsorge, zwischen dem Mitgefühl für den Nächsten und dem angemessenen Gespür für sich selbst.

> Wenn ich mich selbst aufgebe, vermag ich den anderen nicht mehr zu helfen.

Auch für uns gilt die Frage: Wie weit kann ich dem anderen wirklich helfen? Wenn ich mich selbst aufgebe, dann vermag ich auch dem anderen nicht mehr zu helfen. Um dem anderen helfen zu können, brauche ich Mitgefühl, das mich von mir weg zum anderen treibt. Aber ich brauche auch Selbstliebe. Ich muss auch gut mit mir selbst umgehen. Wenn ich meine eigene Grenze überspringe, dann wird sich das Mitgefühl schnell in Aggression gegenüber dem anderen verwandeln. Denn die Seele rebelliert gegen jedes Übermaß. Schon die alten Mönche sagten: „Alles Übermaß ist von den Dämonen." Das gilt auch für das Übermaß an Mitgefühl. Die Liebe ist grenzenlos. Doch sie kann nur dann über die Grenze gehen, wenn sie aus einer gut gefassten Quelle strömt.

Je bewusster wir mit unserem
eigenen Leiden verfahren
desto sensibler werden wir
für den Schmerz der anderen sein.

(Ram Dass)

VOM GESPRÄCH

Jeden Tag sprechen wir viele Worte. Nicht immer sind wir mit dem Herzen dabei. Oft reden wir einfach und merken gar nicht mehr, wie unsere Worte andere verletzen oder eine negative Stimmung erzeugen. Daher ist es gut, immer wieder innezuhalten und sich zu fragen: Was tue ich eigentlich, wenn ich spreche? Geht es mir um ein Miteinander, das von Hören, Schweigen und Sprechen geprägt ist? Wenn wir Sprache reduzieren wollten auf eine bloße Mitteilung von Informationen, würden wir ihr Geheimnis verfehlen. Dann könnte man sie durch den Computer ersetzen.

Im Deutschen unterscheiden wir zwischen „reden" und „sprechen". Reden heißt: begründen, berechnen, Rechenschaft ablegen. Doch wenn wir nur reden, gibt es ein Gerede. Ein Gespräch entsteht nur, wenn wir sprechen, wenn das Wort aus unserem Herzen herausbricht. Denn sprechen hat mit „bersten" zu tun.

Ziel der Sprache ist das Gespräch. Und ein wirklich menschliches Gespräch entsteht nur, wenn wir mit unserem Herzen sprechen. Ein gutes Gespräch vermittelt die Erfahrung: Ich fühle mich verstanden. Wir verstehen uns. Ein Wort ergibt das andere. Wir gehen immer tiefer, bringen Seiten unserer Seele zum Klingen, die sonst im Alltag kaum eine Chance haben, sich zu zeigen. Wir sprechen miteinander, ohne dass wir auf die Zeit schauen. Das Gespräch ergibt sich einfach. Und es beglückt uns. Wenn wir auseinandergehen, spüren wir: Das war schön. Es hat uns gutgetan.

Hölderlin hat in einem Entwurf zum Gedicht „Friedensfeier" wunderbar beschrieben, wie sprachliche Kommunikation gelingt:

„Viel hat erfahren der Mensch.
Der Himmlischen viele genannt,
Seit ein Gespräch wir sind
Und hören können voneinander."

Wir führen demnach nicht nur ein Gespräch. Wir sind ein Gespräch. Die Vorsilbe „Ge-" drückt die Gemeinschaft aus. Im Gespräch entsteht Gemeinschaft. Und das Wort „Gespräch" wurzelt in dem Wort „sprechen". „Sprechen" kommt von „bersten". Im Gespräch bricht aus mir etwas hervor. Ich offenbare mein Innerstes. Meine Stimme bringt meine Stimmung zum Ausdruck. Ich spreche nicht über etwas, sondern ich spreche mich aus, ich offenbare mich selbst. Meine Gefühle werden hörbar, meine innere Stimmung teilt sich den anderen mit. Ein Gespräch ist also etwas anderes als ein Wortwechsel, es schafft die Gemeinschaft zwischen Sprechenden, nicht zwischen Redenden.

Wie entsteht nun ein solches Gespräch? Was sind Voraussetzungen für sein Gelingen? Hölderlin zeigt es uns. Er sagt auch, wie ein gelungenes Gespräch aussieht.

Die erste Bedingung ist, dass die Menschen, die miteinander sprechen, aus eigener Erfahrung sprechen. Sie wiederholen nicht, was andere gesagt haben, sondern sie drücken das aus, was sie im Innersten erfahren, erspürt, erahnt haben.

Die zweite Bedingung: dass das Gespräch offen ist für das Transzendente. Ein gutes Gespräch öffnet immer auch den Himmel über uns. Wir berühren etwas, was uns übersteigt. Dann entsteht nicht nur Gemeinschaft zwischen den Sprechenden, sondern auch mit dem, den sie in allem Sprechen mit-meinen, mit Gott.

> Im Gespräch bekommen wir Anteil aneinander, an unserer Geschichte, an unserer Herkunft, an unseren Wurzeln. Und so entsteht etwas Neues.

Zwei Bilder beschreiben das gelungene Gespräch.

Das erste Bild: Wir führen nicht nur ein Gespräch, wir sind ein Gespräch. Beide sind nicht darauf fixiert, gut miteinander zu sprechen, angemessen zu argumentieren, gut zuzuhören, sondern beide sind ein Gespräch. Sie stehen unter keinem Leistungsdruck, ein gutes Gespräch zu führen. Sie sind beide einfach nur authentisch. Sie sind bei sich und zugleich beim anderen. Sie sprechen ohne irgendeinen Druck, mit den Worten Eindruck zu machen.

Das zweite Bild: Die Sprechenden hören nicht nur aufeinander. Sie sind nicht nur gute Zuhörer. Sie hören vielmehr voneinander. Voneinander hören, das heißt für mich: Ich nehme mir etwas vom anderen. Voneinander hören heißt: teilhaben an der Herkunft dieses konkreten Menschen, an seiner Geschichte, an seiner Erfahrung, an seiner Stimmung, an seinem Herzen. Wenn ich vom anderen höre, gelange ich an den Ausgangspunkt, von dem er ausgeht, an seinen Wurzelgrund, aus dem er lebt. Im Gespräch bekommen wir Anteil aneinander, an unserer Geschichte, an unserer Herkunft, an unseren Wurzeln. Und so entsteht im Gespräch etwas Neues. Durch Anteilnahme entsteht Gemeinschaft, Teilhabe, ein Miteinander-Teilen.

Noch etwas ist wichtig: Das Gespräch braucht auch den rechten Zeitpunkt. Und es braucht Muße und Zeit, es braucht einen geschützten Rahmen und es braucht die Offenheit der Herzen, die Bereitschaft, nicht nur einander zuzuhören, sondern voneinander zu hören, damit wir aneinander Anteil bekommen.

Vollkommenes Zuhören bedeutet,
den Gesang des Alls zu hören.
Was einzelne Menschen erzählen,
sind Fragmente von Melodien
der großen kosmischen Harmonie.

{Henryk Skolimowski}

VON DER WELT UND DER HEIMAT

Unsere Welt ist größer und offener geworden und zugleich kleiner und überschaubarer. Wenn ich mit jungen Menschen spreche, staune ich oft, wie weit sie schon in der Welt herumgekommen sind. Sie haben ein Jahr in den USA studiert oder in Kolumbien, in Spanien oder in Norwegen. Sie kommen beruflich nach China und machen Urlaub in Nepal oder Vietnam. In den letzten zwanzig Jahren bin ich auch oft in der weiten Welt gewesen, um Vorträge zu halten. So habe ich die Faszination der Weite und der Begegnung mit anderen Kulturen erlebt. Aber trotzdem zieht es mich immer auch in die Heimat. Ich brauche einen Ort, an dem ich daheim und verankert bin. Fortgehen und heimkehren – beides hat seine Zeit. Heimat als Ort verbindet sich mit Erinnerungen an prägende und intensive Erfahrungen, sie ist verbunden mit vertrauten Räumen und Gewohnheiten, mit der Erinnerung an Wärme, Zuwendung und menschliche Nähe, mit dem Gefühl der Zugehörigkeit zu Menschen, die für mein Leben wichtig geworden sind. In meiner Jugend war das Elternhaus in Lochham bei München meine Heimat. Und auch in den ersten Klosterjahren habe ich mich oft nach dieser Heimat in der Familie gesehnt. Doch jetzt ist das Kloster in Münsterschwarzach meine Heimat geworden. Wenn ich durch die Bachallee wandere, erinnere ich mich an viele Erlebnisse und Begegnungen, die ich in den letzten 55 Jahren hier gemacht habe.

Was Heimat bedeutet, erfährt man am deutlichsten, wenn

man sie verliert oder sie verlassen muss. Die massenhafte Ankunft von heimatlosen Menschen, die durch Kriege und Notsituationen aus ihrer Heimat vertrieben wurden und als Flüchtlinge zu uns kamen, hat vielen die eigene Geschichte wieder bewusst gemacht: Schon nach dem Zweiten Weltkrieg haben die Heimatvertriebenen aus dem Osten den Deutschen neu aufgezeigt, wie wichtig für sie die Heimat ist. Und sie haben uns vor die Frage gestellt, was Heimat für uns bedeutet. Die deutsche Sprache verbindet ja Heim, Heimat und Geheimnis miteinander. Daheim sein kann man nur, wo das Geheimnis ist, wo etwas uns berührt, das größer ist als wir selbst. Es sind etwa die Erfahrungen mit den Eltern und Großeltern, mit den Menschen, die offen sind für Gott. Ernst Bloch hat Heimat so definiert: Heimat ist das, was „allen in die Kindheit scheint und worin noch niemand war". Heimat ist also nicht nur umfriedeter Raum, sondern auch Verheißung von einer letzten Geborgenheit und Zugehörigkeit. Es ist letztlich ein Ort bedingungsloser Liebe.

> Die eigentliche Heimat
> ist in mir selbst.

Was unsere Heimat ist, das kann ich mir auch auf andere Weise immer neu bewusst machen. Ich kann etwa bewusst die Kunstwerke betrachten, die in meiner Heimat stehen. Welche Lebensphilosophie entdecke ich in ihnen, welches Lebensgefühl drückt sich darin aus? Ich kann mich fragen: Wie denkt und fühlt man in meiner Heimat? Was ist das

Verbindende, woraus die Menschen in meiner Heimat leben? Was sind ihre Quellen? Meine Heimat hat Dichter, Künstler, große Männer und Frauen hervorgebracht: Inwiefern habe ich an ihnen und ihrem Denken und Fühlen Anteil? Wie weit wurzelt mein Leben auch in ihren Erfahrungen? Darüber nachzudenken, kann die Beziehung zur Heimat vertiefen und erweitern.

Heimat meint Sicherheit, Verbundensein und selbstverständliche Geborgenheit, Heimat kann aber auch zur Enge werden. Viele brechen daher auch auf, werden zu „Nestflüchtern", um Neues zu erfahren und ihren Horizont zu erweitern. Daher braucht es die Spannung zwischen Heimat und Welt, zwischen dem Verwurzeltsein einerseits und der Wahrnehmung des Anderen, der Offenheit für das Fremde und die anderen, vielfältigen Möglichkeiten, die damit verbunden sind, andererseits. Und die Weite der Welt braucht die Geborgenheit der Heimat. Je länger ich lebe, desto klarer wird mir, dass die eigentliche Heimat in mir selbst ist. Dort, wo das Geheimnis in mir wohnt, da kann ich mich verankern, da bin ich auch bei mir daheim. Und wenn ich bei mir daheim bin, kann ich überall etwas von Heimat erfahren.

. . . .

Heimat, das ist die Suche nach Zeitlosigkeit an einem bestimmten Ort.

(Edgar Reitz)

VOM WUNDER DER DANKBARKEIT

Eine Cellistin, die als Musikerin inzwischen weltweit Erfolge feiert, erzählte einmal: Als junge Solistin geriet sie vor Publikumsauftritten immer in Panik, weil sie sich nicht gut genug fühlte. Nicht bloß ungenügend vorbereitet, sondern überhaupt ganz unfähig. Sie war voller Versagensängste. Es war wie ein innerer Dämon, der sie zu überwältigen drohte. Was ihr damals half? Sie setzte sich vor jedem Konzert hin und schrieb die Namen all derer auf ein Blatt, die ihr auf dem Weg als junge Musikerin geholfen hatten, die ihr Zuspruch gegeben hatten und denen sie dankbar war: ihre Mutter, die Lehrer, Freunde, Zuhörer. Das half.

> Ich bin nicht dankbar, weil ich glücklich bin. Ich bin vielmehr glücklich, weil ich dankbar bin.

Wir verdanken unser Leben unseren Eltern. Wir verdanken unseren Glauben denen, die uns in den Glauben eingeführt haben. Wir verdanken unsere Fähigkeiten Menschen, die sie in uns hervorgelockt und die an uns und unsere Fähigkeiten geglaubt haben. Sich dessen bewusst zu sein, das macht uns nicht klein. Im Gegenteil, wir dürfen all das Gute, das in uns ist, dankbar wahrnehmen. Aber wenn wir wissen, dass alles in uns Geschenk ist, dann werden wir auch nicht überheblich und geben auch nicht stolz mit unseren Fähigkeiten an. Wir fühlen uns vielmehr verantwortlich für dieses

Geschenk, das wir erhalten haben. Und wenn wir Erfolg haben mit unserem Leben, freuen wir uns darüber, aber wir erheben uns nicht über andere, sondern erinnern uns daran, was alles uns zugefallen ist ohne unser Verdienst und ohne unser Zutun.

Der Dankbare nimmt wahr, was ihm geschenkt wird. Der Undankbare vergisst, was ihm täglich geschenkt wird. Daher hat der römische Philosoph Cicero die Undankbarkeit als Vergessen – und damit als Schwäche – bezeichnet. Dankbarkeit gibt die innere Kraft, nicht zu vergessen, was mir in meinem Leben schon geschenkt wurde und was mir täglich geschenkt wird, durch Menschen, die mir begegnen, aber auch durch die Gaben der Schöpfung. Dankbarkeit hält die Vergangenheit nicht fest. Sie flieht auch nicht vor der Gegenwart. Vielmehr holt sie die Vergangenheit in das Jetzt hinein, um das Jetzt anders zu erleben.

Solche Dankbarkeit ist also nicht nur etwas für gute Zeiten. Dankbarkeit ist eine Haltung, die auch über eine konkrete Situation, ja über unser eigenes Leben hinausgreift und es doch ganz tief berührt und trägt. David Steindl-Rast sagt: „Ich bin nicht dankbar, weil ich glücklich bin. Ich bin vielmehr glücklich, weil ich dankbar bin." Glück ist eine große Kraftquelle. Wir können etwas für unser Glück tun – indem wir uns in Dankbarkeit üben. Die Gelegenheiten dazu sind unzählige. Wenn wir dankbar sind für unser Leben, wenn wir es bejahen, dann haben wir in dieser Zustimmung Teil an der Kraft, aus der wir leben. In diese Haltung können wir uns täglich einüben.

Viele sind jeden Morgen dafür dankbar, dass sie gesund aufstehen dürfen. Das scheint wenig. Aber dennoch verwandelt dieses kurze Innehalten den Beginn des Tages. Ich werde nicht bestimmt durch die Termine, die mich heute erwarten. Ich freue mich über diesen Tag, und ich werde ihn anders erleben, wenn ich ihn als Chance annehme und als Geschenk, das Gott mir heute gewährt.

Auch der Abend ist eine gute Gelegenheit, den Tag in Dankbarkeit ausklingen zu lassen. Ich danke Gott für alles, was er mir heute in die Hand gelegt hat: Begegnungen, die mich aufgerichtet haben, Worte, die mein Herz erwärmt haben, Blicke, die Licht gebracht haben in meine Dunkelheit. Und ich danke für das, was ich heute in die Hand genommen habe, was mir gelungen ist, wo etwas entstanden ist. Ich danke dafür, dass heute von mir Segen ausgegangen ist, dass ich das Herz von Menschen liebevoll berührt habe. Wenn ich in einer solchen Haltung den Tag beschließe, dann werde ich innerlich ruhig. Ich höre auf, meinen Tag zu bewerten. Dankbarkeit verändert meinen Blick, und so kann ich das, was ich heute erlebt habe, dankbar in Gottes Hände zurücklegen und mich selbst in diesen guten Händen ausruhen und geborgen fühlen.

„Der Mensch muss für das Schlechte, das ihn trifft, Gott ebenso danken wie für das Gute." So steht es im Babylonischen Talmud. Und in einem persischen Gebet heißt es: „Gott, ich danke Dir für das, was Du mir gegeben, und für das, was Du mir nicht gegeben hast." Wie oft erkennen wir die Kostbarkeit unseres Lebens erst, wenn es bedroht ist durch eine Krankheit. Es gibt Berichte von Krebskranken, die erst jetzt zum Leben aufwachen, erst nach der Diagnose anfangen, intensiv zu leben, die Farben und den Duft des Lebens erst im Schatten der Krankheit genießen lernen. Lassen wir das Leben nicht so lange warten. Leben ist jetzt.

> Dankbarkeit verändert
> meinen Blick und verändert
> meine Umgebung.

Sogar inmitten der Trauer ist Dankbarkeit möglich, mitten im Chaos von Gefühlen, die sich in meinem Herzen zu Wort melden: Schmerz, Wut, Verzweiflung, Hoffnungslosigkeit, auch Schuldgefühle. Aber manchmal taucht in diesem Chaos der Gefühle auch die Ahnung von Dankbarkeit auf – etwa dafür, dass ich mit einem geliebten Menschen wertvolle Zeit gemeinsam leben durfte. Auch mitten in der Trauer ist es dann dieses andere Gefühl, das mir Halt gibt und mich trotz aller Dunkelheit mit Freude erfüllt. Die Dankbarkeit wird so mitten in der Trauer ein Ort, an den ich mich zurückziehen darf, um dort innerlich zur Ruhe zu finden.

Dankbarkeit weiß: Auch das Schlechte kann sein Gutes haben. Man muss nur bereit sein, es zu sehen. Wenn ich mein Leben mit Dankbarkeit anschaue, wird sich auch das Dunkle erhellen, und das Bittere wird einen angenehmen Geschmack bekommen. Eine solche Haltung ist ein Heilmittel gegen destruktive und depressive Gedanken und Gefühle, sie bewahrt mich vor Kleinmut und Verbitterung.

Sie strahlt auch aus auf das, was nicht gut war in meinem Leben, und verhindert, dass sich das in den Erinnerungen zu stark ausbreitet. Wer mit der Haltung der Dankbarkeit auf sein ganzes bisheriges Leben schaut, für den kann alles zu einer Quelle der Freude und des Friedens werden, der schöpft neue Kraft für sich und wird zu einer Quelle des Segens für andere. Dankbarkeit verwandelt mein Gefühl, aber nicht nur mein Gefühl. Sie verwandelt auch die Umgebung um mich herum. Ich schaue mit neuen Augen auf die Welt. So wandelt sich alles um mich herum in ein Geschenk, das Gott mir täglich in die Hand gibt. Wenn ich dankbar auf die Menschen schaue, denen ich begegne, dann werde ich oft ein Wunder der Verwandlung erleben. Dankbarkeit ist auch eine Weise, den anderen bedingungslos anzunehmen. Und gerade diese bedingungslose Annahme verwandelt ihn.

Jeder Mensch bekommt zu seiner Geburt die Welt geschenkt. Die ganze Welt.
Und die meisten von uns haben aber noch nicht einmal das Geschenkband berührt, geschweige denn hineingeschaut.

(Leo Buscaglia)

Gegenwärtig sein.
Einfach leben

Ausklang

Wir haben unser Leben angeschaut mit den alltäglichen
Vollzügen, mit den Dingen, denen wir begegnen, mit den
gewöhnlichen Tätigkeiten, die unser Leben ausmachen,
mit den verschiedenen Zeitqualitäten, die uns das Leben
beschert, mit den Haltungen, die uns guttun, mit den Beziehungen, in denen wir unser Leben in Gemeinschaft mit
anderen gestalten. Und wir haben die Natur mit wachen Augen angeschaut. Was deutlich geworden ist: In allem, was
wir tun und was wir schauen, begegnen wir nicht nur den
äußeren Dingen. Alle Dinge und Tätigkeiten sind vielmehr
durchlässig auf das Geheimnis allen Seins. Sie sind letztlich durchscheinend auf den Grund hin, auf die Kraft, die
alles durchdringt, auf den Geist, der in allem wirksam ist,
die Energie, die in allem fließt, die Liebe, die alles durchwirkt: Gott ist in mir und außerhalb von mir. Wir begegnen
ihm nicht nur, wenn wir auf den Grund unserer Seele achten
und wenn wir uns aus der Welt zurückziehen. Wir begegnen
ihm auch mitten in der Welt. Aber es braucht die Offenheit
der Augen und die Offenheit des Herzens, und es bedarf
der Achtsamkeit, des Aufwachens und Gewärtigwerdens,
um hinter und in den Dingen die Fülle des Seins wahrzu-

nehmen, um in allem einen Weg zu ihm zu erkennen und in allem einen Ort zu sehen, an dem wir seiner Gegenwart begegnen können. Einfach gegenwärtig sein – das ist das tiefste Kennzeichen einer solchen spirituellen Lebenskunst.

Und es braucht die Haltung des Staunens, um in allem das verborgene Geheimnis zu entdecken. Staunen ist die Kunst, die Welt als Wunder zu sehen. Man kann das griechische Wort für Staunen, „thaumazein", auch übersetzen mit „sich verwundern" oder „bewundern". Für den griechischen Philosophen Platon ist das Staunen der Grund allen Philosophierens. Wer staunend die Welt wahrnimmt, wird nicht beim Vordergründigen verharren. Er fühlt sich herausgefordert, hinter die Dinge zu schauen. Das Staunen fordert die Vernunft auf, stehenzubleiben bei den Dingen selber und sie genauer zu betrachten. Das deutsche Wort „staunen" kommt ja von „stauen".: Ich staue den Fluss der Gedanken und bleibe betrachtend stehen vor dem Wunder dessen, was ich wahrnehme. Die Neuplatoniker gehen noch weiter: Das Staunen zwingt die Vernunft dazu, immer weiter aufzusteigen über die Dinge, bis sie in allem das Wunderbare erkennt. Der religiöse Mensch staunt vor dem Wunder Gottes, das er in allem wahrnehmen kann, in der Schönheit der Blume, in einem guten Gespräch, in der Begegnung mit dem, was uns zutiefst in der Seele berührt.

Das Staunen öffnet mich für das Geheimnis der Transzendenz, für ein Geheimnis, dessen Glanz in allem aufleuchtet, was ich achtsam schaue. Mit diesem Staunen verbindet sich immer auch die Ehrfurcht und die Dankbarkeit. Ich bleibe ehrfürchtig stehen vor dem, was ich bestaune. Und ich bin dankbar für das Geheimnis, das sich mir jetzt in diesem Augenblick auftut und mein Herz öffnet für etwas, was größer ist als ich selbst.

Die Gedanken in diesem Buch möchten den Leser und die Leserin einladen, solches Staunen wieder zu lernen. Wer zu staunen vermag, wird auch auf ganz neue Weise gegenwärtig. Denn er lässt sich Zeit, er bleibt stehen und wird still. Er ist ganz versunken in diesen einen Augenblick, da er auf das Wunder schaut.

Viele Menschen leben an ihrer Gegenwart vorbei, sie jammern darüber, dass sie keine Zeit haben. Sie fühlen sich gehetzt. Und sie haben das Gefühl, die Zeit geht immer schneller an ihnen vorüber. Wir können die Zeit in der Tat nicht festhalten. Die Gegenwart versinkt ständig in das Vergangensein, in das Nichtsein. Diese Erfahrung der Zeit, die jeden Augenblick sofort auflöst, führt dazu, dass der Mensch sich nach einem Gegengewicht sehnt, nach etwas, das dieser Flüchtigkeit standhält, nach etwas, das dauert und nicht vergeht. „Alle Lust will Ewigkeit, will tiefe, tiefe Ewigkeit", sagt Nietzsche in einem Gedicht seines „Zarathustra".

Für Augustinus geht es darum, den Augenblick so zu erleben, dass Zeit und Ewigkeit zusammenfallen. Der gegenwärtige Augenblick ist in der Zeit. Aber zugleich überschreitet er die Zeit. Ewigkeit ist keine lange Zeit, sondern Fülle der Zeit. Manchmal erleben wir in der Zeit solche Augenblicke, wo wir die Zeit nicht wahrnehmen. Da ist alles

Gegenwart, alles Augenblick. Da fallen Zeit und Ewigkeit zusammen.

Nach einer Definition des christlichen Philosophen Boethius ist Ewigkeit „der vollkommene, in einem einzigen, alles umfassenden Jetzt gegebene Besitz grenzenlosen Lebens". Sie ist also nicht lange Dauer, sondern der Besitz der Seinsfülle. Alles, was ist, ist in diesem einen Augenblick gegenwärtig. Da hört das Denken in Zeit und Raum auf. Da berühren wir das Sein schlechthin. Und das Sein ist jenseits aller Zeit. Es ist das reine „esse", eben das Sein, im Gegensatz zum „ens", zum Seienden. Die christliche Interpretation der philosophischen Definition der Ewigkeit durch Boethius meditiert über den ewigen Gott, der in unsere Zeit einbricht.

Wir haben in diesem Buch immer wieder erfahren: Manchmal gelingt es uns, diese Gegenwart des Seins zu erfahren, etwa wenn wir in der Stille meditieren oder auch wenn wir nur ruhig auf einer Bank am See sitzen. Dann sind wir einfach da. Wir sind reines Sein. Wir sind frei davon, uns rechtfertigen, etwas vorweisen, uns selbst beweisen zu müssen. Wir sind einfach da, so wie es Angelus Silesius ausgedrückt hat:

„Die Ros' ist ohn Warum. Sie blühet, weil sie blühet.

Sie acht' nicht ihrer selbst, fragt nicht, ob man sie siehet."

In diesem reinen Sein erfahren wir innere Freiheit und zugleich reine Gegenwart. Wir denken nicht an die Vergangenheit und nicht an die Zukunft. Wir sind ganz in diesem einen Augenblick. In diesem reinen Sein haben wir teil an

Gott, der ja der Inbegriff von „esse" = „sein" ist. Und wir erfahren uns auch als Menschen auf ganz neue Weise. Wir definieren uns dann nicht von dem her, was wir geleistet haben oder was andere von uns halten. In diesem Augenblick sind wir einfach. Und wir leben einfach: im Einklang mit uns selber. Wir sind frei von aller Fremdbestimmung, wir leben einfach. Da steht die Zeit still, da kommen alle Grübeleien zum Schweigen, da ist reine Stille, reines Sein. Da verzichten wir auf das Vielerlei und konzentrieren uns auf das eine Wesentliche. Alles wird dann durchsichtig auf das Geheimnis hin, das uns immer umgibt. Dann sind wir „im Einverständnis mit dem Wunderbaren" (Peter Schellenbaum). Und dann sind wir auch eins mit unserem innersten Wesen.

Darum ging es mir in diesem Buch: zu zeigen, wie eine spirituelle Lebenskunst die alltäglichen Tätigkeiten und Dinge und die Erfahrungen unseres Lebens öffnet auf das Wunderbare hin, auf Gott hin, den Grund allen Seins, und auf seine Liebe hin, die uns in allem begegnet. Muße, Achtsamkeit und Stille sind Merkmale dieser Lebenskunst. Spirituelle Lebenskunst ist letztlich der Weg, alles, was uns im Leben begegnet, auf diesen tieferen Grund hin transparent werden zu lassen. Alles, was wir tun, wird dann zu einem Tun aus der achtsamen Haltung der Offenheit für das Wunderbare.

ZITIERTE LITERATUR

Joachim-Ernst Berendt, Das Dritte Ohr. Vom Hören
der Welt, Reinbek: Rowohlt 1985

Karlfried Graf Dürckheim, Der Alltag als Übung.
Vom Weg zur Verwandlung, Bern: Huber [11]2012

Einfach leben. Ein Brief von Anselm Grün, hg.
von Rudolf Walter, Freiburg i. Br.: Herder 2006 ff.

Evagrius Ponticus, Praktikos. Über das Gebet,
Münsterschwarzach: Vier Türme 1986

Marianne Gronemeyer, Das Leben als letzte Gelegenheit.
Sicherheitsbedürfnisse und Zeitknappheit, Darmstadt:
WBG 1993

Thich Nhat Hanh, Das Wunder der Achtsamkeit.
Einführung in die Meditation, Zürich/München:
Theseus [7]1997

Jörg Lauster, Die Verzauberung der Welt. Eine Kulturgeschichte des Christentums, München: Beck 2014

Pierre Riché, Die Spiritualität des keltischen und
germanischen Kulturkreises, in: Bernard McGinn /
John Meyendorff / Jean Leclercq, Geschichte der
christlichen Spiritualität, Bd. 1: Von den Anfängen bis
zum 12. Jahrhundert, Würzburg: Echter 1993, 182–194

Peter Schellenbaum, Im Einverständnis mit dem Wunderbaren. Was unser Leben trägt, München: dtv 2000